修心

與佛學大師學習平靜和鬆弛

宿文淵 著

修心

作　　者　宿文淵
編　　輯　蔡幃寧
校　　對　蔡幃寧 魏秋綢
行 銷 部　蔡幃誠
封面設計　東喜設計工作室
內頁排版　趙小芳
行 銷 部　蔡幃誠

發行人兼出版總監　蔡建志
出　　版　大溏文化事業有限公司
發　　行　大和書報圖書股份有限公司
地　　址　新竹市東區工業東二路 11 號
電　　話　0927697870
初版一刷　2025 年 1 月

印　　刷　呈靖彩藝有限公司
定　　價　420 元

國家圖書館出版品預行編目 (CIP) 資料

修心 / 宿文淵 著 . -- 初版 . -- 新竹市：大溏文化事業有限公司出版：大和書報圖書股份有限公司發行 , 2025.1
面；　公分

ISBN 978-626-98924-7-1(平裝)

1.CST: 修身　2.CST: 生活指導

192.1　　113019362

人生就是一次修行。在經歷了挫折和磨難的考驗之後，
總能在逆境中找尋到前行的方向，
不斷地提升修為、增強自控能力、
擁有智慧的頭腦、積極的心態、準確的眼光、
強有力的行動和鋼鐵般堅強的意志。

目錄

第四章　舒心　無心而求，找回內心的純粹和充盈

目錄

第七章 隨性 回歸本性，做真正的自己

第八章 淡泊 放下負累，把貪嗔癡裝進行囊

第十章 博愛 我為人人，愛是恒久的富源

前言

生活中，我們常常為境遇所苦，為得失所累，為名利所惑，為喧囂所擾；在順境中迷失，在困境中徬徨；失去了就抱怨，得到了卻不知足；窮困時不知如何自處，富有時被煩惱纏身，總是不得解脫。《修心》這本書正是從現代人關注的心性入手，為人們在日常生活中更好地修心，提出了具體的建議。現代人越來越重視全方位提升自己，因為唯有這樣才能適應激烈的競爭，取得成功。閱讀本書，能夠幫助你不斷完善自己的行為、心態、性格，讓人生之路越走越寬，生活寧靜而幸福。

在繁雜的世事中讓心靈體驗全然的喜悅和安然，在吵雜中尋一份心靈的寧靜和安詳。

《修心》從現實生活的實際出發，以睿智的富有哲理的觀點和看法，教人看透人生真諦，教你正確面對生活中的種種不如意，能選擇，懂放棄。本書將道理與故事相結合，文字靈動而深刻，句句觸動人心，幫助讀者找到自身問題的所在，調整心態，調整看問題的角度，最終擺脫煩惱和痛苦的困惑，活出屬於自己的幸福和快樂。

第一章 觀心

修好心才能轉好運

沒有智慧的境界，那才是真智慧。
真理就存在於平凡中，能到達人間最平凡處，
才能接近佛法之道，也就是做人之道。

做人先從觀心開始

佛學思想中有這樣一個觀念：人來到這個世界，是為償還欠債，報答所有恩緣。因為我們赤裸裸地來到這個世界上，本來一無所有。長大成人，吃的、穿的、所有的一切，都是眾生、國家、父母、師友們給予我們的恩惠。只有我負別人，別人並無負我之處，因此，要盡我所有，盡我所能，貢獻給世人，以報答其恩惠，還清我生生世世累積起來的舊債，甚至不惜犧牲自己而為人、濟世、利物。

國學大師南懷瑾在講解《金剛經》時說：「先學做人，能把儒家四書五經等做人之理通達了、成功了，學佛一定成功。像蓋房子一樣，先把基礎打好。人都沒有做好，就要學佛，你成了佛，我成什麼？要注意啊！要先學做人，人成了，就是成佛，佛法告訴你的就是這個道理。」

很多人苦苦尋覓幸福，但佛陀告訴世人，做好自己、做好眼前的事、即得幸福、得道。其實，學佛也好，找到幸福也好，首先最應該做的不是念阿彌陀佛或空想，而是做好當下的事情，完成一個人在這世上應該做的事。只有把該做的事情做圓滿了，才能體悟生活的道理、領悟人生的真諦、獲得對塵世的正確見解。老老實實做人、踏踏實實做事，那麼，人人都可成佛。

有一位年輕和尚，一心求道，多年苦修參禪，但一直沒有開悟。

有一天，他打聽到深山中有一古寺，住持和尚修煉圓通，是得道高僧。於是，年輕和尚打點行裝，跋山涉水，千辛萬苦來到住持和尚面前，兩人打起了唇舌。

年輕和尚：「請問高僧，您得道之前，做什麼？」

住持和尚：「砍柴、擔水、做飯。」

年輕和尚：「得道之後又做什麼？」

住持和尚：「砍柴擔水做飯。」

年輕和尚譏笑：「何謂得道？」

住持和尚：「我得道之前，砍柴時惦念著挑水，挑水時惦念著做飯，做飯時又想著砍柴；得道之後，砍柴即砍柴，擔水即擔水，做飯即做飯，這就是得道。」

住持和尚說，得道就是「砍柴即砍柴，擔水即擔水，做飯即做飯」，這真是一語道破禪機，認認真真地做好手中的每件事情便是得道。

不要把佛法想得過於高深和遙不可及，其實佛法很平凡，它存在於我們生活中的每個細節。做佛就是做人，一個真正成佛的人，往往在人間最平常的地方。正如佛所說的，真正的智慧成就，即非般若波羅蜜。「般若波羅蜜」是梵語，是「智慧」的意思，智慧到了極點，到了沒有智慧的境界，那才是真智慧。真理就存在於平凡中，能到達人間最平凡處，才能接近佛法之道，也就是做人之道。

在佛家看來，世法與佛法是同樣的道理，因此，出家的人要懂世法，世法懂了，佛法就通了。真正的佛法，並不是以梅花明月、潔身自好便能徹悟的，後世學佛的人，只重理悟而不重行持，大錯而特錯矣。先學做人，再學做佛，這是佛法的本義。一個人如果真的能夠照此修行，不但可以使自己獲得幸福，還能夠造福社會，成為社會的有用之材。

踏踏實實，保持真實的自己

「木末芙蓉花，山中發紅萼，澗戶寂無人，紛紛開且落。」這是王維的一首詩，名叫《辛夷塢》。這首詩寫的是在辛夷塢這個幽深的山谷裡，辛夷花自開自落，平淡得很，既沒有生的喜悅，也沒有死的悲哀。無情有性，辛夷花得之於自然，又回歸自然。它不需要讚美，也不需要人們對它的凋謝灑同情之淚，它把自己生命的美麗發揮到了極致。

在佛家眼中，眾生平等，沒有高低貴賤，每個個體都自在自足，自性自然圓滿。《占察善惡業報經》有云：「如來法身自性不空，有真實體，具足無量清淨功業，從無始世來自然圓滿，非修非作，乃至一切眾生身中亦皆具足，不變不異，無增無減。」一個人如果能體察到自身不增不減的天賦，就能在世間擁有精彩和圓滿。

我們常常會有這樣的感覺，遠處的風景都被籠罩在薄霧或塵埃之下，越是走近就越是朦朧；心裡的念頭被圍困在重巒疊嶂之中，越是急於走出迷陣就越是辨不清方向。這是因為我們過多地執著於思維，而忽視了自性。佛祖曾經講過一個故事，教導我們認識自性。

一位富人有四位妻子：第一個妻子活潑可愛，在富人身邊寸步不離；第二個妻子是富人搶來的，傾國傾城卻不苟言笑；第三個妻子整天忙於打理富人的瑣碎生活，把家中大小事務管理得井然有序；第四個妻子終日東奔西跑，富人甚至忘記了她的存在。

富人生病即將去世，他把四位妻子叫到床前，問她們：「平日裡你們都說愛我，如今我就要死了，誰願意陪我一起去陰間呢？」

第一個妻子說：「你自己去吧，以前一直都是我陪在你身邊，現在該換她們了。」

第二個妻子說：「我是迫於無奈才嫁你為妻的，活著的時候都不情願，更不要說陪你赴死！」

第三個妻子說：「雖然我很愛你，但是我已經習慣了安逸穩定的生活，不願意陪你去過餐風飲露、衣食無著的日子。」

富人非常傷心，他近乎絕望地看著第四個妻子。

第四個妻子說：「既然我是你的妻子，無論你到哪裡我都會陪在你身邊。」

富人心中一驚，既感動又愧疚地看著第四個妻子，含笑去世。

佛祖解釋說：其實這位富人就是芸芸眾生中的一位，四位妻子則代表每個人活著的時候所擁有的東西。第一位妻子指的是你們的肉體，生來不可剝離，死時卻注定要分開；第二位妻子指的是你們的金錢，生不帶來，死不帶去；第三位妻子指的是你們的妻子，活著的時候相敬如賓、舉案齊眉，死的時候仍然要分道揚鑣；第四位妻子指的是你們的自性，人們常常忘記了她的存在，而她卻永遠陪伴著你。

每個人都有自性，也就是自己的本心，生而相隨，死而相伴，不能拋卻。然而，並不是所有人都能體察自性，於是很多人隨波逐流，喪失自我。我們常常需要他人的讚美才能前行，一旦受打擊就會停滯不前。要做到像辛夷花一樣平淡地自開自落並不容易，但如果明瞭自己的本心，並堅信執守，就不會被他人的態度左右。

我們無法改變別人的看法，但可以保持一個真實的自己。想要討好每個人是愚蠢的，也沒有必要，與其把精力花在別人身上，還不如用盡全力踏踏實實做人、兢兢業業做事。改變別人的看法是很難的，做好自己卻是容易的，如果一個人能保持自我生命的圓滿，修一顆篤定的本心，就能把生命的精彩發揮到極致。

主動孤獨，沉澱一切煩惱

有的人生性好靜，懶於在燈紅酒綠、爾虞我詐的社交場合敷衍應酬，閒暇時更願意結伴於青燈古卷、品茗讀書、抑或獨自遠行，涉足山川沃野。但是，更多的人害怕孤獨，無論是獨自垂釣的寧靜和淡泊，還是眾人皆醉我獨醒的超然，於他們而言，都是不堪忍受的折磨。

佛家將孤獨的形式分為四種：

第一種是「主動的孤獨」，就是為了修行而主動創造一個與他人隔絕的環境，無論打坐誦經，還是讀書寫作，都完全不受外界的干擾，只留下一顆求知之心。

第二種是「被動的孤獨」，可以理解為情感上的孤獨，是一個人從內心深處感受到的寂寞，或被團體成員所排斥時，即使身在團體之中依然能感覺到的孤獨。

第三種是「思想的孤獨」，當一個人的觀點不為他人所接受，思想得不到他人認可時，就會感受到精神上的孤立無援。

第四種是「權勢的孤獨」，高處不勝寒的感受是大多數身居高位的人所共有的。

孤獨的形式有所不同，但孤獨的味道每個人都品嘗過。下面這個故事中的修行者，就是一個切身體會到孤獨並為此痛苦的人。

在一次禪七（禪宗的參禪方法，以七日為期坐禪修行）中，一位修行者突然哭了起來。聖嚴法師問他為何哭泣，他回答：「生活在世界上的孤獨感讓我害怕。」

聖嚴法師說：「難道你不知道每個人都是獨自來到這個世界，最後也獨自離開嗎？」

修行者說知道，但是仍然害怕。

聖嚴法師問：「那麼在禪七修行中你還害怕嗎？」

他說不怕，但是一回到日常生活中，由孤獨而生的恐懼與不安就會再度襲來。

這個修行者所體驗到的更多的是情感上的孤獨，情感無所寄託讓他感到茫然和痛苦。在現實生活中，孤獨是不可避免的，但是我們可以改變面對孤獨的態度。事實上，孤獨是修行與生活中都必不可少的狀態，尤其對於真正有心修行的人來說，熱鬧的場合固然可以參與，但更應該適應孤獨的情境，並且要能夠出於自願隨時置身於孤獨之中，追求「主動的孤獨」。

一位禪宗大師曾閉關修行多年，在閉關之前，一位年老的居士前來拜訪，並問他：「你想成為什麼樣的和尚？」禪師並未做出明確的回答，這就像無法預計陶器經過爐火的燒烤會變成什麼樣子。孤獨的修行與學習就像陶器燒製的過程一樣，痛苦在所難免，但能使人得到提升。

一個人獨處時，最好的知音是自己，最大的敵人也是自己。對於修佛之人而言，倘若一個人的修行功夫不夠深，就很容易被自己的妄念左右。對於普通人來說更是如此。在孤獨的環境中，若不能踏踏實實地潛心學習，就可能迷失在自己所設的迷障中。

孤獨固然令人痛苦，但能讓人變得更加堅強、更加成熟。「主動的孤獨」更是如此，無論是修行，還是日常的學習，孤獨的環境都能夠讓人獲得平靜的心態和靜謐的氛圍，不容易受到外界雜務瑣事的干擾。在孤獨的環境中，人最好的知音就是自己，通過「主動的孤獨」，平靜地面對自己、調理身心、思考生命。當人處於孤獨之中時，一切煩惱和牽掛都會沉澱下來，更容易在內心深處找到自我、瞭解自己。只有真正瞭解自己，才能在現實生活中找到適合自己的人生方向，並努力貫徹，堅持到底。

自省的力量

自省，就是自我反省、自我檢查，自知己短，從而彌補短處、糾正過失。佛陀強調自覺覺他，強調以達到覺行圓滿為修行的最高境界。要改正錯誤，除了虛心接受他人意見之外，還要不忘時時觀照己身。自省自悟之道，可以使人在不斷地自我反省中達到水一樣的境界，在至柔之中發揮至剛至淨的威力，具有廣闊的胸襟和氣度。

「知人者智，自知者明。」觀水自照，可知自身得失。人生在世，若能時刻自省，還有什麼痛苦、煩惱是不能排遣、擺脫的呢?佛說：「大海不容死屍。」水性是至潔的，表面藏垢納污，實質水淨沙明，至淨至剛，不為外物所染。

古代，一位官員被革職遣返，心中苦悶無處排解，便來到一位禪師的法堂。禪師靜靜地聽完了此人的傾訴，將他帶入自己的禪房之中。禪師指著桌上的一瓶水，微笑著對官員說：「你看這瓶水，它已經放置在這裡許久了，每天都有塵埃、灰燼落在裡面，但它依然澄清透明。你知道這是何故嗎？」官員思索良久，似有所悟：「所有的灰塵都沉澱到瓶底了。」禪師點了點頭，說道：「世間煩惱之事數之不盡，有些事越想忘掉卻越揮之不去，那就索性記住它好了。就像瓶中水，如果你不停地振盪它，就會使整瓶水都不得安寧，混濁一片；如果你願意慢慢地、靜靜地讓它們沉澱下來，用寬廣的胸懷容納它們，那麼心靈不但並未因此受到污染，反而更加純淨。」官員恍然大悟。

觀水學做人，時常自省，便能和光同塵，愈深邃愈安靜；便能至柔而有骨，執著而穿石，以「天下之至柔，馳騁天下之至堅」。時常自省，便能靈活處世，不拘泥於形式，因時而變，因勢而變，因器而變，因機而動，生機無限；時常自省，便能清澈透明，纖塵不染；時常自省，便能潤澤萬物，有容乃大，通達而廣濟天下，奉獻而不圖回報。

古人說：「以銅為鏡，可以正衣冠；以古為鏡，可以知興替；以人為鏡，可以明得失。」如果沒有自省的態度，那麼，即使明鏡擺在面前，也是視若無睹，何談正衣冠、知興替、明得失呢？

佛陀為了說明自省過失的重要性，打了一個比喻，記載於《百喻經》中。

有一個村莊的人合夥偷得了一頭牛，並將它宰殺後分食。失牛的人追蹤到村子裡，問村人：「我的牛在你們村莊裡嗎？」

偷牛的村人答：「我們沒有村莊。」

失牛的人問：「池邊不是有棵樹嗎？」

村人答：「沒有樹。」

失牛的人又問：「你們是不是在村莊的東邊偷牛？」

村人仍舊回答：「沒有東邊。」

失牛的人再問：「你們是不是在正午偷牛？」

村人還是回答：「並沒有正午。」

於是，失牛的人說：「沒有村莊，沒有池塘，沒有樹還算合理，可是天底下怎會沒有東邊，沒有正午呢？所以你們一直在說謊，牛一定是你們偷的。」

那些村人再也無法抵賴，只好承認。

佛陀用這個故事來比喻那些犯了戒條卻極力隱瞞，不肯自省懺悔，改過遷善的人，他們總是用一個謊言來掩蓋另一個謊言，最終無法掩蓋其罪。

人人都犯過錯誤，但很少有人能自省，因為自省是一次自我解剖的痛苦過程，需要巨大的勇氣。在我們迷路時，在掉進了罪惡的深淵時，在靈魂被扭曲時，在自以為是、沾沾自喜時，自省就像一股清泉，將思想裡的淺薄、浮躁、消沉、自滿、狂傲等污垢蕩滌乾淨，重現清新、昂揚、雄渾和高雅，讓生命重放異彩、生機勃勃。

有約束，才不會走錯路

佛法中之所以有十分嚴格的持戒，是因為任何事物都需要一定的約束。俗話說，「沒有規矩，不能成方圓」，世間萬事萬物都受到一定的約束，沒有事物擁有絕對的自由，只有不同約束條件下的相對自由。

約束和自由並非絕對，而是相對的。一方面，有了約束才會有自由，因為自由存在的前提是束縛，沒有道德、法律上的約束和規定，或者各種人為的規則和要求，自由就無從談起；另一方面，沒有自由，約束也就失去了其意義和作用。

人與動物最根本的區別在於，人有一種非凡的能力，那便是自我約束。自我約束就是自律，是人生很重要也很難得的品德，也是一個人修養的體現。

這天，剛剛做完日常佛事，僧侶們正要走出禪房時，方丈守心法師揚手碰落了供臺上的一個瓷瓶，瓷瓶摔得粉碎。眾弟子一下愣在那裡，不知方丈這一舉動是有意為之，還是無意所致。守心法師見學僧都以探詢的眼光看著自己，便語氣凝重地說：「一泥土，不知經歷了多少工序，經過了多長時間的煅燒，才超脫成珍貴的瓷瓶，被我們擺上神聖的供桌，成為一件高貴聖潔的法器。如果保存好了，千百年都不會損壞，可以萬世流傳。可是，揚手之間，它就墜落於地，一文不值了。同理，一個人，尤其是斂德修行的僧人，取得了法號，悟出了境界，不是件易事，若不珍惜、不自律，墮落起來使與瓷瓶無異！」僧侶們都默默無語，有些人忽然有所頓悟，合掌跪地，深表懺悔。

正如守心法師所言，人若不珍惜、不自律，墮落起來便與墜地的瓷瓶一樣，一文不值。名聲品行積累起來不容易，但揮霍一空只是眨眼之間，令人痛惜，所以古人總是強調謹小慎微、善始善終。

約束看似抽象，但事實上，世界萬物都是由它構成的。河床是河流的約束，如果河流沒有了河床的約束，那麼它將氾濫成災；軌道是火車的約束，如果火車失去了軌道，那麼它將無法行駛；土壤是植物的約束，如果植物離開了土壤，那麼它將不能生存。道德與理智是人的約束，如果人失去了理智，沒有了道德與規定的約束，那麼這個世界將一片狼藉，也就不會有今天的文明了。

約束是必要的，對人、對事物具有促進的作用。放任自由將導致自由氾濫成災，只有約束才能成就秩序、成就和諧、成就圓滿。生活中唯有學會自律，學會自我控制和自我約束，修煉一顆堅毅守矩的心，才能擁有堅強的意志，成就美好人生。

以勇氣懺悔，用真誠改過

世界著名的文學大師巴爾扎克說：「悔和愛是兩種美德。」一個人能為自己的過錯懺悔，是有力量的表現，是心靈接近純淨光明的象徵。在佛家看來，懺悔能消一切業，能增長善法功德。

常慚愧、常反省、常懺悔，才能常進步。一顆時時自省、時時慚愧、時時懺悔的心，如一盞警示燈，保證生活航路的平穩安全。

如果一個人從懂事的時候開始，就經常慚愧對父母的孝順不夠、對老師的尊敬不夠、對親人的照顧不夠，經常慚愧對晚輩的提攜不夠、對別人的恭敬與溝通不夠，經常慚愧不懂世間的各種學術、沒有能力擔當世間的各種責任，並在這種慚愧之上自省，進而懺悔改正，就一定會奮發圖強，有所作為。這是學佛者的佛道，也是為人者的人道。

懺悔能潔淨靈魂，在懺悔中，我們能認識並改正已犯下的過錯，在此基礎上防止同樣的錯誤再次發生，並且不斷地改進並完善自身。其實，無論是學佛修行，還是工作生活，都應該正視自己的不足。唯有認識到自己的不足，才能夠使自己更完美，由此使生活更完美。

敲響心靈的懺悔之鐘，以莫大的勇氣，嚴肅而誠摯地看待自己的瑕疵，探索內心，找出自己的缺點，並誠心改過，修一顆真誠的懺悔心。

心不動，榮辱皆安定

「不動心」是一個人修養和定力的體現，若一個人心無定力，就會被外界環境左右，隨外界的境遇而動搖。佛家認為，心是一切的基礎，一個人如果想要真正入定，必須先從修心開始。修心即是淨心，心靈不隨外物而轉，就能達到心智的自由。

五色幡升空時迎風飄動，一僧說是幡動，一僧說是風動，六祖惠能從旁邊經過，笑談，既非風動，也非幡動，乃二僧心動。

風動、幡動，都不過是外境的變遷，不動心，才能真正認清自我，保持內心的安寧。

人們想要淨心時，往往習慣於用理性去控制，但這樣做很可能適得其反。雖然在不斷告訴自己「不能動心，不能動心」，其實這個時候心已經動了；提醒自己「心不能隨境轉」，這個時候心已經轉了。真正的淨心不是刻意控制，也不是刻意把握它。什麼時候都知道自己的心，心自然而然就不因外在環境而波動。心不動了，人就不會為外界的誘惑所動，從而可以淨化自身。

仰山禪師有一次請示洪恩禪師：「為什麼我們不能很快地認識自己？」

洪恩禪師回答：「我給你說個譬喻，如一室有六窗，室內有一獮猴，蹦跳不停，另有五隻獮猴從東西南北窗邊追逐猩猩。猩猩回應，如是六窗，俱喚俱應。六隻獮猴、六隻猩猩，不容易很快認出哪一個是自己。」

仰山禪師聽後，知道洪恩禪師是說我們內在的六識（眼、耳、鼻、舌、身、意）和追逐外境的六塵（色、聲、香、味、觸、法），鼓噪繁動，彼此糾纏不清，如空中金星蜉蝣不停，如此怎能很快認識哪一個是真的自己？因此便起而禮謝道：

「適蒙和尚以譬喻開示，無不了知，如果內在的獼猴睡覺，外境的猩猩欲與它相見，且又如何？」

洪恩禪師便下繩床，拉著仰山禪師，手舞足蹈似的說道：

「好比在田地裡，防止鳥雀偷吃禾苗的果實，豎一個稻草假人，所謂『猶如木人看花鳥，何妨萬物假圍繞』？」

仰山終於言下契入（在言語中體會佛法真意）。

人之所以難以認清自己，是因為真心蒙塵，就像一面鏡子，被灰塵遮蓋，不能清晰地映照出物體的形貌。真心不顯，妄心就會佔據人心，時時刻刻攀緣外境，心猿意馬，不肯休息。

不識本心，內心不定，心就會隨物轉；倘若能了知自己的心，動靜如一，那麼萬象萬物都可以隨心而轉。淨心才能入定，從而擺脫外物的牽絆；心不因外物而動才能真正認清自己，遇到順境不動，遇到逆境也不動，不受任何外在的影響。「心不在焉，視而不見，聽而不聞，食而不知其味」，不管世間如何變化，在心靜的人看來，都是一樣。

人們常常有一種隨波逐流的從眾心理，做事的動機往往不是那麼明確，看到別人怎麼做自己也怎麼做，而不是按照自己的主觀意願去行動，尤其是在通往成功、幸福、快樂的道路上，一切似乎已經有了約定俗成的標準。

俗話說：「眾口鑠金，積毀銷骨。」能在多數人的否定中肯定自我的人是具有大智慧的人，也是能走向成功的人。能夠在多數人的打擊中昂然挺立，堅持自己的判斷，不為外物所動，這樣的人一定能有所成就。只要心中澄澈清明，就不會被欲望牽制。

每個人都有無可取代的優點

有一位得道高僧說：「如果你認定自己是塊陋石，那麼你可能永遠只是一塊陋石；如果你堅信自己是一塊無價的寶石，那麼你就是無價的寶石。」人如果能夠正確地看待自己，那就成功了一半，關鍵在於，人很難做到正確地看待自己。

佛陀或者高僧度人，就是要教人們找到自身的慧根，告訴人們成佛的關鍵在於自己的修為和領悟。度人的第一任務，是教會別人認清自己的優點。

有一次，石屋禪師和一個偶遇的青年男子結伴同行。天黑了，那個男子邀請禪師去他家過夜：「天色已晚，不如在我家過夜，明日一早再趕路？」

禪師向他道謝，與他一同來到他家。半夜的時候，禪師聽見有人躡手躡腳地進入他的屋子裡，禪師大喝一聲：「誰！」

那人被嚇得跪在地上，禪師揭去他臉上蒙著的黑布一看，原來是白天和他同行的青年男子。

「怎麼是你？哦，我知道了，原來你留我過夜是為了這個！我一個和尚能有多少錢，你要做就做大買賣！」

那男子說：「原來是同道中人！你能教我怎麼做大買賣嗎？」

禪師對他說：「可惜呀！你放著終生享用不盡的東西不去學，卻來做這樣的小買賣。這種終生享用不盡的東西，你想要嗎？」

「這種終生享用不盡的東西在哪裡？」

禪師突然緊緊抓住男子的衣襟，厲聲喝道：「它就在你的懷裡，你卻不知道，身懷寶藏卻自甘墮落，枉費了父母給你的身體！」

一語驚醒夢中人，這個人從此改邪歸正，拜石屋禪師為師，後來成為著名的禪僧。

在失敗或者不如意的時候，人們往往怨天尤人，覺得世道不公。事實並非如此。人們之所以有這種想法，是因為他們忽略了自身的力量。正像故事中所表達的，很多時候我們都對自身高貴的靈魂視而不見。這個靈魂是我們最忠實的朋友，只要需要它、相信它，它就不會離我們而去。

任何人都不要覺得自己過於平凡、不值一提，每一個人都擁有佛性，關鍵在於能否給予自己肯定。人是可以改變的，一切就看自己怎麼看待。如果太早給自己下定論，屈服於現有的命運，那麼，一生將只能停留徬徨。

在學會肯定他人之前，應當先學會肯定自己。自我肯定，要有「我能、我會、我可以」的自信。一個能自我肯定的人，自然擁有自信。

以自謙的態度提升自己

修行之人，要戒驕戒躁，而對「我」的強烈執著，往往使人無法認清自我而容易自大，在為人處世之時就會表現得傲慢無禮。人一旦忽視了因緣的幫助，而錯認為所有的成就完全是來自自身的能力與偉大，就容易產生「慢」的心理。

「慢」的表現分為四種：

第一種是源於不能正確認識自己而自以為了不起的傲慢。

第二種是自己覺得強過別人而產生的慢心。

第三種是增上慢，在修行中有了一點經驗就覺得自己修成了正果。

第四種是卑劣慢，也就是人們常說的酸葡萄心理，自己明明有缺點，卻不肯承認別人比自己優秀，甚至鄙視別人的優點和成就。

一個傲慢的人常常會因為過於自大而忽視了身邊人的感受，會漠視甚至傷害身邊的人。傲慢的人禁受不住挫折，一旦遭到別人的批評或者責怪，就容易憤怒，甚至攻擊別人，以求自慰。

日本明治時代有一位著名的南隱禪師，常常能用一兩句話給人以深刻的點撥，很多人慕名而至，前來問佛參禪。

有一天，一位官員前來拜訪，請南隱禪師為他講解何謂天堂，何謂地獄，並希望禪師能夠帶他到天堂和地獄去看一看。南隱禪師面露鄙夷之色，開始用刻薄的語言嘲笑官員的無知。

官員大怒，立刻讓身邊的差役棒打南隱禪師，南隱禪師跑到佛像後面，探出頭來對著官員喊：「你不是讓我帶你參觀地獄嗎？看，這就是地獄！」

官員頓時明白了南隱禪師所指，心生愧疚，於是低頭向禪師道歉，官員被南隱禪師的智慧所折服，神情之中流露出謙卑之色。

南隱禪師又說：「看，這不就是天堂嗎？」

在聽到南隱禪師的辱罵之後，這名官員尚未思考禪師的用意便勃然大怒，是對我相的過於執著，一念之間，便墜入地獄；反之，當他以一顆謙卑之心待人時，便身處天堂之中，這正是一念天堂，一念地獄。由此可知，謙虛能夠助人克服傲慢之心，將人從負面情緒的煉獄之中解脫出來。

謙虛是一種美德，古語有云：「謙受益，滿招損。」一個謙虛的人，始終將自己擺放在比真正的自我更低的地方，就好像大海本在最低處一樣，位置定得低，才能擁有更加廣闊的提升空間。

有一個學僧在無德禪師座下學禪，剛開始他非常專心，學到了不少東西。一年之後，他自以為學得差不多了，便想下山去雲遊四方，禪師講法的時候他什麼都聽不進去，還常常表現出不耐煩的樣子。他的這些行為無德禪師全看在了眼裡。

這天無德禪師決定問清緣由，他找到學僧問：「這些日子，你聽法時經常三心二意，不知是何原因。」

學僧見禪師已識透他的心機，便不再隱瞞什麼，對禪師說：「老師，我這一年學的東西已經夠了，我想去雲遊四方，到外面去參禪學道。」

「什麼是夠了呢？」禪師問。

「夠了就是滿了，裝不下了。」僧人認真地回答。

禪師隨手找來一個木盆，然後裝滿鵝卵石，問學僧：「這一盆石子滿了嗎？」

「滿了。」學僧毫不猶豫地答道。

禪師又抓了好幾把沙子撒入盆裡，沙子漏了下去。

「滿了嗎？」禪師又問道。

「滿了！」學僧還是信心十足地答道。

禪師又抓起一把石灰撒入盆裡，石灰也不見了。

「滿了嗎？」禪師再問。

「好像滿了。」學僧有些猶豫地說。

禪師又往盆裡倒了一杯水下去，水也不見了。

「滿了嗎？」禪師又問。

學僧沒有說話，跪拜在禪師面前道：「老師，弟子明白了！」

學到一點東西就不可一世，盲目驕傲是可笑而且可憐的。

一顆謙虛的心正如那盛了石子、沙子、石灰及水的木盆，總是能盛放更多的東西，在日積月累中不斷充盈，謙虛的人才能成為真正的智者。

驕傲是一種不幸，自負是一種毀滅。俗話說：「謙虛的人馬到成功，驕傲的人途窮日暮。」謙虛的人，因為看得透澈，所以不急躁；因為想得長遠，所以不狂妄；因為站得高，所以不驕傲；因為立得正，所以不畏懼。謙虛之人，虛懷若谷，能納百川於胸中；而驕傲自滿，必難吸收有用之物。

人生有涯而學海無涯，一個人不管知識多麼淵博，也不過是滄海一粟。只有保持一顆謙虛的心，以一種謙卑的態度處世，才能夠在念念之間一步步接近人生的至高境界。

第二章 安心

真正的貧窮是心無安處

靜，是一種大知大覺的靈機，是高山野雲般的空靈智慧，是修佛之人必持的禪定智慧。

「寧靜即釋迦」，我們的心若能常常保持清靜，沒有貪、嗔、癡，遇到什麼境界都不受影響——不論外在的利誘，還是險惡的威脅，內心都不受其影響，就叫作寧靜。

明浮躁源，戒浮躁心

無論外界怎樣，我們都應該隨時提醒自己不要有一絲一毫的浮躁，認認真真、踏踏實實才是處世之道。

浮躁，是輕浮急躁的意思，是造成人們做事的目的與結果不一致的常見原因。心浮氣躁的人做起事來一味追求速度，既無準備，也無計畫，恨不能一日千里、一蹴而就，結果往往遭遇挫折和失敗，由此給自己造成心理上的痛苦和煩惱。要從浮躁中解脫身心，首先必須找出浮躁的根源。

現代高僧弘一法師在念佛一事上很強調戒「躁」，他十分痛恨浮躁，認為有些人之所以念不好佛，完全是浮躁導致的。人人都能念佛，不認識字的人可以先聽大家念，一邊聽一邊學；而口舌不靈便的人則可以跟著大家慢慢地念；懶惰的人也可以被大家一起念佛的積極性所感染，從而也和大家一起念。

不認識字的人、口舌不靈便的人、懶惰的人之所以念不好佛，是因為他們只盯著結果，而不願花費心思做好眼前的事。正如弘一法師所說，只要肯用心，人人都能念好佛。做事情也是如此，只要靜下心來努力去做，沒有做不到的。

一位學僧問禪師：「師父，以我的資質多久可以開悟？」

禪師說：「十年。」

學僧又問：「要十年嗎？師父，如果我加倍苦修，又需要多久開悟呢？」

禪師說：「得要二十年。」

學僧很是疑惑，於是又問：「如果我夜以繼日、不休不眠，只為禪修，又需要多久開悟呢？」

禪師說：「那樣你永無開悟之日。」

學僧驚訝道：「為什麼？」

禪師說：「因為你只在意禪修的結果，又如何有時間來關注自己呢？」

禪師意在勸誡學僧，凡事切不可急躁冒進。的確，想要成就一番偉業，關鍵在於戒除急躁，真正靜下心來，一心一意地將事情做好。一個人越是急躁，就會在錯誤的思路中陷得越深，也就越難以擺脫痛苦。

宋朝的朱熹十五六歲就開始研究禪學，而到了中年之時才感覺到，速成不是創作良方。於是，他以「欲速則不達」這句話警醒自己，之後下苦功，方獲得了一定的成就。他有一句十六字箴言：「甯詳毋略，甯近毋遠，甯下毋高，甯拙毋巧。」

然而，對於「只爭朝夕」的現代人來說，追求形式上的成功和表面的風光，遠比踏踏實實追求理想容易。我們總是希望盡可能多地擁有美好的東西，於是心浮氣躁、汲汲營營地追求，但往往求得了這個，丟失了那個，心中滿是憤懣。求不得、捨不得，懊惱不堪，生命就這樣在擁有和失去之間流走。

如果我們真正想要成就一番事業，就必須靜下心來，腳踏實地，擺脫速成心理，戒除急躁。具體可以參考以下幾點：

一、梳理情緒，掌控情緒。不要被急躁的心情牽著鼻子走，要瞭解每一種情緒的來龍去脈，然後將它們分門別類，這樣才能讓內心紛雜的念頭安定下來。

二、收斂自己的心。不要四處貪求，為了得不到的東西煩惱。

三、專注眼前。別想太多，試著用心留意此時此刻的呼吸，順著它的節奏，讓雜念在一呼一吸間逐漸沉澱。

四、明確最根本的目標。制訂計畫，細分步驟，一步一個腳印地走下去，循序漸進地達到目標。

無論外界怎樣，我們都應該隨時提醒自己不要有一絲一毫的浮躁，只有認認真真、踏踏實實地生活，才能保持寧靜平和的心態，為每一個口標做好充分的準備，耐心做好每一階段的事，最終獲得成功。

心常在靜處

與其讓浮躁影響我們正常的思維，不如放開胸懷，靜下心來，默享生活原味。

「非寧靜而無以致遠。」諸葛亮如此告誡幼子。靜是什麼？是泰山崩於前而色不變，是大胸襟，也是大覺悟，非絲非竹而自恬愉，非煙非茗而自清芬。

《華嚴經》中有一首偈語：「菩薩清涼月，常遊畢竟空。眾生心垢淨，菩提月現前。」這就是說，如果我們能保持心靈平淡清靜，佛性就會自顯。

靜，是一種大知大覺的靈機，是高山野雲般的空靈智慧，是修佛之人必持的禪定智慧。「寧靜即釋迦」，我們的心若能常常保持清靜，沒有貪、嗔、癡，遇到什麼境界都不受影響——不論外在的利誘，還是險惡的威脅，內心都不受其影響，就叫作寧靜。

生活緊張而焦灼的人很難品味到靜的清芬與恬愉，因為身外的嘈雜和喧譁太多，以至於忽略了自己的內心。

小和尚問老和尚：「僧人皈依佛門，四大皆空，講究的是虛靜。那麼，我們來世上一遭，究竟是為了什麼呢？還有什麼是屬於我們的呢？」

「為了自己的心啊。」老和尚開導小和尚說，「屬於我們的太多太多了，自由的身心、超脫的意念，以及藍天白雲、這山那水。」

老和尚看著小和尚一臉困惑的樣子，又補充說：「當一個人四大皆空時，這世間的一切就都是他的了。見山是山、見水是水，夢遊四海、思渡五嶽，我們還有什麼不可以企及的呢？」

小和尚說：「那麼世間的人們不也擁有這些東西嗎？」

老和尚說：「不！有錢的人，心中只擁有錢；有宅第的人，心中只惦記著宅第；有權勢的人，心中只關注權勢：他們擁有某項事物的同時，也失去了除此之外的所有事物。」

這時，太陽落山，月亮從東方升起，山中炊煙嫋嫋騰騰。小和尚望著山水雲月，舒心地笑了。

人們常常為名譽、錢財等身外之物奔波勞碌，殊不知，身外之物堆積得越多，離生活最本真的清靜就越遠。心浮氣躁、患得患失之間，人很難得到沉靜的安寧。與其讓浮躁影響我們正常的思維，不如放開胸懷，靜下心來，默享生活的原味。

寧靜可以沉澱出生活中許多紛雜的浮躁，過濾出淺薄粗浮等人性的雜質，可以避免許多魯莽、無聊、荒謬的事情發生。寧靜是一種氣質、一種修養、一種境界、一種充滿內涵的悠遠。安之若素，沉默從容，往往比氣急敗壞、聲嘶力竭更顯涵養和理智。想獲得寧靜，可參考以下幾點：

一、不輕易起心動念。這或許是達到「心靜則萬物莫不自得」之境界的最佳途徑。有些時候，人真的不必太急功近利，不如將心跳放緩，安然領略人生的每一處風景。

二、觀想。所謂觀想，就是找一個目標物，這個目標物可以是任何有形的物體，將它放在眼前觀看，然後將腦中的想法集中在眼前的物體上，控制自己不去想其他的事。經常訓練觀想，讓心靈入定，能有效去除雜念。

三、平衡負面情緒。一個人快樂時，內心往往很平靜，狂風暴雨的聲音，也可以當成美妙的樂曲來享受；但若是在痛苦煩惱時面對暴風雨，就很可能心生焦躁和恐懼。因此，去除煩惱，才能讓心沉澱下來。

此心常在靜處，誰能差遣？擁有一顆寧靜的心，才能平靜看待世間的得失，才能從容地面對自己的生活。太多不切實際的雜念，是我們登上人生頂峰的最大阻礙。如果能夠讓心沉下來，不因外界的干擾而動念，我們就有可能更接近成功，生活的本真快樂也能在沉靜的瞬間自然顯現。

細沙含一方世界，野花藏一座天堂

一旦我們懂得放慢腳步，為自己尋找一方安靜心空，就可以在遭遇困難時仍擁有幸福的感覺，也可以從容地面對生活中的壓力和挫折。

「盡日尋春不見春，芒鞋踏遍隴頭雲，歸來笑拈梅花嗅，春在枝頭已十分。」一路行走一路歌是人人嚮往的境界，一路行走一路愁卻是大多數現代人的生活常態。生活的旅途中，人們常常忽略美好而執著於痛苦，在不停歇的拚搏和追逐中，疲憊萬分。

步履匆匆，以至於忽視了路邊美景；身在花叢，卻嗅不到滿園芬芳。古人說「月影松濤含道趣，花香鳥語透禪機」，禪門語「青青翠竹，盡是法身；鬱鬱黃花，無非般若」，細沙中包含的那一方世界，野花中蘊藏的那一座天堂，你是否看到了呢？

有好多天，慧海和尚獨坐寺內，鬱悶不語。師父看出其中玄機，並不言語，微笑著和慧海走出寺門。

半綠的草芽，斜飛的小鳥，流動的小溪，門外是一片大好的春光，慧海和尚深深地吸了一口清新的空氣，偷窺師父，師父正安詳地打坐於半山坡上。慧海有些納悶，不知師父葫蘆裡賣的什麼藥。

過了一個上午，師父才起身，還是不說一句話，只打個手勢，把慧海領回寺內。

剛入寺門，師父突然向前一步，輕掩兩扇木門，把慧海關在寺外。慧海不明白師父的意思，獨自坐於門前，納悶不語。很快天色就暗了下來，霧氣籠罩了四周的山岡、樹林、小溪，連鳥語、水聲也變得不明朗起來。

這時師父在寺內朗聲叫慧海的名字，進去後師父問：「外邊怎麼樣？」

「全黑了。」

「還有什麼嗎？」

「什麼也沒有了。」

「不，」師父說，「外邊的清風、綠野、花草、小溪一切都在。」

慧海頓悟，明白了師父的苦心。

慧海和尚沉浸在煩悶之中，看不見身旁大好的春光。漆黑的天色正如慧海被煩惱遮蔽的雙眼，掩蓋了白天的美景。其實，清風綠野一直都在，只是人們對此視而不見罷了。

心中裝滿各種紛雜的思想，自然無法聞到近在鼻端的花香，只有身處安寧的境界中，一切才可尋。安寧是心靈的平靜，能夠讓人在嘈雜浮華中找到自己的心靈空間。安寧並不是一種懶散、沒有生氣的狀態，而是一種清澈空靈的心靈之境。一旦我們懂得放慢腳步，為自己尋找一方安寧心空，就可以在遭遇困難時仍擁有幸福的感覺，也可以從容地面對生活中的壓力和挫折，欣賞到生活中的美好。

我們常常會看到這樣一類人：他們勤奮、努力地工作，但是脾氣暴躁，生活也因此變得混亂不堪。他們只顧匆匆趕路，卻忘了欣賞路邊的風景，從而葬送了自己安靜的生活，失去了自己本該擁有的幸福。

真正能享受平和寧靜的人，才是離自我、離幸福最近的人。在當今這個忙碌的社會裡，人們會因各種各樣的事情而狂躁不安，會因自我控制能力的弱化而情緒大幅波動，會因焦慮和多疑而飽受煎熬。只有那些明智的人，才會掌控並引領自己朝著他們原本需求的方向走去。

無論我們身在何處，要做什麼，要往哪裡去，都應記住：在生活的沙漠中，總會有一片綠洲等待我們去發現，總會有一些花朵為我們綻放。不妨放慢腳步，好好欣賞周圍的風景，很多時候，幸福只是躲在安寧背後的一道風景，等待著我們將一切紛亂沉澱下來，在去除心靈的陰霾之後，用心去尋找，去發現。

越親近自然，焦慮越易消失

大自然具有無窮無盡的美，能給人們疲憊的心靈帶來撫慰。

王維詩云：

人閒桂花落，夜靜春山空。
月出驚山鳥，時鳴春澗中。

人人皆以為王維只是在寫自然界景物的美麗，其實這首詩不只體現了自然界的美麗，更是詩人內心的寫照，是詩人心中禪心與禪境的完美結合。這首詩的境界之所以如此靜謐、寂遠，原因在於詩人心無掛礙，眼中只有山間花落、月出、鳥鳴融為一體的美麗，不見人生的煩惱。

很多禪修之人，修行了幾十年，仍無法達到自悟的程度，這是因為他們受到俗世的羈絆，心生浮躁之氣，缺少清淨、純潔的安詳。

有位虔誠的佛教信徒，每天都從自家的花園中採擷鮮花到寺院供佛。一天，當她送花到佛殿時，碰巧遇上無德禪師從法堂出來，無德禪師非常欣喜地道：「你每天都這麼虔誠地以鮮花供佛，佛典記載，常以鮮花供佛者，來世當得莊嚴相貌的福報。」

信徒非常高興地回答：「我每次來您這裡禮佛時，覺得心靈就像洗滌過似的清涼，但回到家中，心就煩亂起來。作為一名家庭主婦，如何在喧囂的塵世中保持一顆清涼純潔的心呢？」

無德禪師反問道：「你以花禮佛，對花草總有一些常識，我問你，你如何保持花朵的新鮮呢？」

信徒答道：「保持花朵新鮮的方法，莫過於每天換水，並且在換水時把花梗剪去一截，因為這一截花梗已經腐爛，腐爛之後不易吸收水分，花就容易凋謝！」

無德禪師說：「保持一顆清涼純潔的心也是這樣啊，我們生活的環境就像瓶中的水，我們就是花，唯有不停地淨化心靈，改變我們的氣質，並且不斷地懺悔、檢討，改掉陋習、缺點，才能不斷汲取大自然的養分啊。」

信徒聽後，幡然醒悟。

無德禪師的話就像一泓清新的山泉，澆灌著人的心田。的確，要想心靈保持純潔，就要不斷地懺悔，改掉自己的缺點。如此，無論生活多麼眼花繚亂，都可以化作妝點心靈的花，襯托心靈的美。

在如今這個高速發展的時代，都市的噪音及緊張的生活節奏令人焦慮不安，適度地離開熙攘的塵囂世界，接近大自然，享受大自然帶給我們的樂趣，是品味生活的良好方式。

在自然中放鬆自己的方法包括以下幾種：

一是在空虛或焦躁時，不妨走近自然。欣賞大自然的壯觀美景，感受大自然的寬廣胸襟，心情就會愉快起來，一切苦悶和陰影也都會散去。

二是讓眼睛看向遠方的地平線。凝視自然地形、色彩的變化，感受自然的香味和聲音，可以獲得和大自然融為一體的感覺，由此也可以緩解生活中的壓力。

三是凝視天際時，不妨想像眼睛的肌肉已釋放所有的緊張。在古代，面對大自然時產生的渺小感幾乎令人害怕，今天我們對於一瀉千里的瀑布或高聳的懸崖峭壁依然感到敬畏。站在它們腳下，我們能用更寬廣的角度看自己，並調整我們看事情的角度。我們花越多時間在大自然的美景中，就有越多的焦慮遠離我們。

修一顆不為身體境遇所動的心

人或得意，或失意，不管什麼樣的心境皆是由身而來。

身處何境，甚至身體上具體的痛楚，都能時時影響人的心理狀態。因此，所謂的「修養」，一言以概之，便是修煉出一顆不為身體境遇所動的心。能做到成敗驟然降臨而不驚，寵辱無故加諸己身而不動，便是擁有了一種笑看花開花落的淡定和智慧。

寵，是得意的表象；辱，是失意的代號。當一個人功成名就時，如果平素就有淡泊名利的真修養，就不會欣喜若狂，喜極而泣，甚至得意忘形。得意中不忘形，順境中居安思危，就能在功名加身時保持心境的淡然。如果面對一時的失意依然能挺直脊背，坦然處之，就能時刻守住心靈的平和，在逆境中奮發，最終走出失意的陰影。

要做到得意失意皆平和並不容易，就連為人達觀灑脫的文豪蘇軾，受人羞辱也難以淡然處之，可見寵辱不驚的修為之難。

宋朝時蘇軾在江北瓜州任職，瓜州和江南金山寺只一江之隔，他和金山寺的住持佛印禪師經常談禪論道。一日，蘇軾自覺修持有得，撰詩一首，派遣書僮過江，送給佛印禪師印證，詩云：「稽首天中天，毫光照大千；八風吹不動，端坐紫金蓮。」八風是指人生所遇到的「嗔、譏、毀、譽、利、衰、苦、樂」八種境界，因其能侵擾人心情緒，故稱之為風。

佛印禪師閱後，拿筆批了兩個字，就叫書僮帶回去。蘇軾以為禪師一定會讚賞自己修行參禪的境界，急忙打開禪師的批示，一看，只見上面寫著「放屁」兩個字，不禁無名火起，於是乘船過江找禪師理論。船到金山寺時，佛印禪師早已站在江邊等待蘇軾，蘇軾一見禪師就氣呼呼地說：「禪師！我們是至交，我的詩、我的修行，你不讚賞也就罷了，怎可罵人呢？」禪師若無其事地說：「罵你什麼呀？」蘇軾把上批「放屁」兩字的詩拿給禪師看。禪師哈哈大笑，說：「言說八風吹不動，為何一屁打過江？」

蘇軾聞言慚愧不已，自覺修為不夠。

「八風吹不動」是一種心不隨身而動的修為境界，可是要將這種境界時刻落到實處，並不容易。

要做到八風吹不動、寵辱不驚，首先，人們要用廣闊的視角去看待事物，運用全方位的思考方式來解決問題。一旦思維鑽入了牛角尖，就可能對任何挫折都耿耿於懷，無法騰出空間來整理思緒，因此也就沒有辦法以坦然之心面對困境。

其次，遇事不慌張。別人講的話，做的事，都要在自己腦中先過一遍，細細想一想再做出反應。無論是來自他人的讚美、幫助，還是羞辱、侵害，都應以理智來應對。

再次，要做到不動心、不為名利而動、不為苦難而動、不為權勢而動、不為嗔怒而動，不為誹謗而動。《菜根譚》裡說：「寵辱不驚，閒看庭前花開花落；去留無意，漫隨天外雲卷雲舒。」為人做官能視寵辱如花開花落般平常，才能「不驚」；視職位去留如雲卷雲舒般自然，才能「無意」。「閒看庭前」大有「躲進小樓成一統，管他冬夏與春秋」之意；「漫隨天外」則顯示了目光高遠，不似小人一般淺見的博大情懷；一句「雲卷雲舒」又隱含了「大丈夫能屈能伸」的崇高境界。對事對物，對功名利祿，失之不憂，得之不喜，此所謂「淡泊以明志，寧靜以致遠」。

修持一顆淡定之心，做到得意時淡然，失意時坦然，方能心態平和、恬然自得，方能達觀進取、笑看風雲。

做第三類人：提起，放下

我們要放下浮躁的心，提起淡定的心。無論進退，都不喜不憂，處於低谷不消沉，登上頂峰也不迷失。

人可以分為三類：第一類，提不起、放不下；第二類，提得起、放不下；第三類，提得起、放得下。

第一類人佔據了芸芸眾生中的大多數，他們只懂享受，卻從不承擔責任。他們的內心放不下對功名利祿的追求，像是寄居在蕁麻莖稈上的菟絲子，攀附在其他植物之上，毫不費力地汲取著養分，卻從不奉獻什麼。第二類人有擔當，有責任心，而且往往目標明確，會憑藉自己的能力向上攀登。可他們一旦有所獲得就捨不得放下，往往拖著越來越重的行囊，艱難上路。第三類人有理想、有魄力、有擔當，而且心地坦然，頭腦睿智，可攻可守，可進可退。

提放自如，並非一件簡單的事情。提起需要承擔責任的勇氣，放下也需要斬斷妄念的魄力。提起什麼，放下什麼，也需要有所選擇。

一天，寺前來了兩個陌生人，年長的仰頭看看山，問寺裡的和尚：「這就是世上最高的山嗎？」

「大概是的。」和尚輕輕地答道。年長的沒再說什麼，就開始往上爬。

年輕人對和尚笑了笑，問：「等我回來，你想要我給你帶什麼？」和尚看著年輕人說：「如果你真的到了山頂，就把那一時刻你最不想要的東西給我就行了。」

年輕人很奇怪，但也沒多問，就跟著年長的人往上爬。斗轉星移，不知又過了多久，年輕人獨自走下山來。

又是那座寺前，和尚問年輕人：「你們到山頂了嗎？」

「是的。」

「另一個人呢？」

「他，永遠不會回來了。」

「為什麼？」

「唉，對於一個登山者來說，一生最大的願望就是戰勝世上最高的山峰，當他的願望真的實現了，也就沒了人生的目標，這就如同一匹好馬折斷了腿，活著與死去，已經沒有什麼區別了。」

「他……」

「他從山崖上跳下去了。」

「那你呢？」

「我本來也想一起跳下去，但我猛然想起答應過你，把我在山頂上最不想要的東西給你，看來，那就是我的生命。」

「那你就來陪我吧！」

年輕人在廟旁搭了個草房，住了下來。人在山旁，日子過得雖然逍遙自在，卻如白開水般沒有味道。年輕人總愛默默地看著山，在紙上胡亂畫著。久而久之，紙上的線條漸漸清晰了，輪廓也明朗了。後來，年輕人成了一個畫家，繪畫界宣稱，一顆耀眼的新星正在升起。接著，年輕人又開始寫作，不久，他就以文章回歸自然、清秀雋永而一舉成名。

許多年過去了，昔日的年輕人已經成了老人，當他回想往事的時候，他覺得畫畫、寫作其實沒有什麼兩樣。最後，他明白了一個道理：其實，更高的山並不在人的身旁，而在人的心裡，只有忘我才能超越。

故事中年長的登山者就屬於第二類人，他執著地追求著登上世界最高峰的榮譽，而願望實現了，他卻不能將之放下並繼續前行，所以他認為只有絕路可尋；而另一位年輕人也有了輕生的念頭，但因為不能違背對和尚的承諾，他才有機會了悟真正的禪機——世界上更高的山在人的心裡。收放之間，我們便能不斷得到提升，只有坦然放下一切俗物俗心的牽絆，才能真正覓得生命的意義。

星雲大師曾說，做人要像一只皮箱，隨時提放自如，當提起時提起，當放下時放下。光是提起，拖累太多，非常辛苦；光是放下，要用的時候，就會感到不便。提放自如，意味著不浮躁、不虛榮、不自私，意味著心靈定靜，不因任何外界因素而動搖。要做到提放自如，首先，要把去惡行善的心提起，把爭名逐利的心放下。「諸惡莫作，眾善奉行，自淨其意，是諸佛教。」去惡行善是佛教的基本教義之一，行善是分內事，止惡也是該主動承擔的責任。真正的智者應該孑然一身，不受虛名牽絆，也不為富貴誘惑。其次，要把成己成人的心提起，把成敗得失的心放下。成就自己的目的是成就別人，只有充實自己，才有足夠的能力去幫助別人。在充實自己的過程中，失敗是難免的，要能夠在失敗中吸取教訓，在成功中積累經驗，而不只是沉浸在收穫的快樂中，或者在失敗的痛苦中不能自拔。

最後，要把淡定的心提起，把浮躁的心放下。無論進退，都不急躁衝動，都不喜不憂，不沉醉不迷失，專注於自身，如此方能收穫心靈的平和與充盈。

在喧囂處，修得暇滿身

真正的清閒應是身處繁華世間，心中能不生浮躁，不起煩惱，擁有一顆無分別的心，從容面對任何境遇。

人們生活在喧囂之中，不僅環境的喧囂無處不在，內心深處不息的追逐和欲望帶來的喧囂，也令人不得安寧。人們或許可以回歸大自然，尋找片刻的寧靜，然而大多數時候，人們身陷凡塵，無法平復內心的欲求和騷動，因為人們不懂得在喧囂處為自己留一份清靜。

歷史上，許多得道禪師遠離世俗，獨自在佛法中尋得了內心的寧靜，這份寧靜，使他們曾經孤單的內心綻放出芬芳的蓮花，荒涼如沙漠的靈魂注入一股清泉。他們孤單，但並不寂寞，內心感到的只是清淨。這份清淨，使他們能聽到落葉的聲音，明白時光的絮語。

有的人可能認為清靜是一種難耐的寂寞，但在禪師們的心中，清淨是生活中難能可貴的境界。

趙州禪師問新來的僧人：「你來過這裡嗎？」

僧人答：「來過！」

趙州禪師便對他說：「吃茶去！」

又問另一個僧人：「你來過這裡嗎？」

僧人答：「沒有。」

趙州禪師也對他說：「吃茶去！」

在一旁的院主奇怪地問：「怎麼來過的叫他去吃茶，沒有來過的也叫他去吃茶呢？」

趙州禪師就叫：「院主！」院主答應了一聲，趙州禪師對他說：「走，吃茶去！」

心清淨，才有心思吃茶，才能品味出茶的清香。

一個想得太多的人，心靈如同投進石子的湖面，失去了原來的平靜。偶爾如此沒有關係，若常常如此，心湖沒有靜止的時候，人們便永遠體會不到安寧。

心若清淨，凡事簡單，如此，才能盡享生命的清閒之福。暇滿之身就是健康有閒，可世界上的人有清閒不肯享受，有好身體要去消耗掉，而且真到了清閒暇滿，自己反而悲哀起來。這類人內心是喧囂的，他們不知道清淨的重要，不懂清閒的滋味。

真正的清閒應是身處繁華世間，心中不生浮躁，不起煩惱，擁有一顆無分別的心，從容面對任何境遇。

唐朝時，有一位懶瓚禪師隱居在湖南衡山的一個山洞中，他曾寫下一首詩，表達他的心境：

世事悠悠，不如山嶽，臥藤蘿下，塊石枕頭；
不朝天子，豈羨王侯？生死無慮，更復何憂？

這首詩傳到唐德宗的耳中，德宗心想，這首詩寫得如此灑脫，作者一定也是一位灑脫飄逸的人物吧！應該見一見！於是就派大臣去迎請懶瓚禪師。

大臣拿著聖旨東尋西問，總算找到了懶瓚禪師所住的岩洞。見到懶瓚禪師時，正好瞧見禪師在洞中生火做飯。大臣便在洞口大聲說道：「聖旨駕到，趕快下跪接旨！」洞中的懶瓚禪師卻毫不理睬。

大臣探頭一瞧，只見懶瓚禪師以牛糞生火，爐上燒的是地瓜，火愈燒愈熾，整個洞中煙霧彌漫，熏得懶瓚禪師鼻涕縱橫，眼淚直流。大臣忍不住說：「和尚，看你髒的！你的鼻涕流下來了，趕緊擦一擦吧！」

懶瓚禪師頭也不回地答道：「我才沒工夫為俗人擦鼻涕呢！」

懶瓚禪師邊說邊夾起炙熱的地瓜往嘴裡送，並連聲讚道：「好吃，好吃！」

大臣湊近一看，驚得目瞪口呆，懶瓚禪師吃的東西哪是地瓜呀，分明是像地瓜一樣的石頭！懶瓚禪師順手撿了兩塊遞給大臣，並說：「請趁熱吃吧！世事都是由心生的，所有東西都來源於知識。貧富貴賤，生熟軟硬，你在心裡把它看作一樣不就行了嗎？」

大臣看不慣禪師這些奇異的舉動，也聽不懂那些深奧的佛法，不敢回答，只好趕回朝廷，添油加醋地把懶瓚禪師的古怪和骯髒稟告皇上。德宗聽後並不生氣，反而讚歎道：「我們國內能有這樣的禪師，真是我們大家的福氣啊！」

懶瓚禪師是真正達到佛的境界的人，他的眼中沒有富貴貧賤，沒有生熟軟硬，萬物在他心裡都是一樣的，他的心是真正清淨、沒有分別的。就像六祖惠能的禪語：「菩提本無樹，明鏡亦非臺。本來無一物，何處惹塵埃。」

一個人的大清淨，不是寂靜無聲、死氣沉沉，而是看透繁華後的歡喜。一心清淨，即使是冰天雪地、萬物沉眠，心裡的蓮花也能處處開放。

世間熙攘喧囂，因此世人心生浮躁。在喧囂處為自己留一份清淨，不時從熱鬧的俗世中退回來，調和內心，就能在紛擾中安頓自己。

第二章

靜心

在喧囂中安頓身心

我們無法清醒地認識到自己應該在乎什麼，
應該放下什麼，所以才被心魔所困。
我們要知道，放下了，才能真正抓住生命本身的樂趣。
放下了，才有可能得以釋懷。
放下時不執著於放下，自在；
拿起時不執著於拿起，也自在。
不必計較太多，跟著自己的心走，
心裡放下了，也就真的放下了。

世事無常，不必掛懷

在三百多年前的日本，有一位老禪師在圓寂之前應弟子所求留下遺偈，他只寫了一個「夢」字，而後便含笑去世，他就是高僧澤庵宗彭。

高僧圓寂之時，一般都會根據自己一生的修行或者大悟之後的禪理為後人留下遺偈，一般以五言、四方為主，像澤庵禪師這樣只留下一字為偈的實屬罕見。他在入滅之際為後人揭示了人生如夢的真諦，他一生寫了上百首有關「夢」的詩和歌，其中一首寫道：

人世滄桑雖有情，來去匆匆皆為夢。紅楓染盡群山麓，殘陽西下聞秋歲。

生命就像大夢一場，夢醒之後，即使頭腦中還殘留著夢中的些許痕跡，但是雙手已經握不住一物。古人語「一指彈風花落去，浮生若夢了無痕」，人生本來如此，世人在不可掌控的時空變遷中忙碌奔波，直至死去。

永嘉大師在《證道歌》裡也談到過夢：「夢中明明有六趣，覺後空空無大千。」覺後為空，而未覺之時，則感歎世事無常，被莫測的命運捉弄。一切事物生滅變化，遷留不住，沒有永恆不變的東西，就像《佛說無常經》中所言：「大地及日月，時至皆歸盡；未曾有一事，不被無常吞。」

佛陀在竹林精舍時，有一天接受居士的祈請，偕同弟子至城中開示說法。結束後，在出城返回精舍的途中，遇見一人趕著牛群回城。牛頭頭肥壯，一路上跳躍奔逐，彼此還不時以牛角互相抵觸。佛陀見到此景，有感而發，說了一首偈子：

譬人操杖，行牧食牛，老死猶然，亦養命去，千百非一，族性男女，貯聚財產，無不衰喪，生者日夜，命自攻削，壽之消盡，如熒穿水。

回到竹林精舍，待佛陀洗足畢，就座後，阿難即稽首請示：「世尊，您在回途中所說的偈語，弟子未能完全瞭解其中的義理，祈請世尊慈悲開示！」佛陀告訴阿難：「回來的路上，你是否見到那位牧牛人趕著牛回城？」阿難回答：「是的。」佛陀接著說：「這群牛的主人是屠戶之家，原本養了上千頭牛，為了讓牛健壯肥美，屠戶雇人天天放這群牛到牧草豐美的地方吃草，逐日挑選最肥壯的牛，宰殺賺錢。就這樣一天過一天，這群牛已經被宰殺超過了半數，然而，這群糊塗的牛兒渾然不知，依舊每天開心地吃草玩樂，或與同伴爭鬥。我因為感傷它們如此無知，所以才會說此偈語。」

接著，佛陀又對大眾開示：「不僅這群牛如此，世人也是一樣，不知曉無常的道理，執著地認為有一個不變的『我』存在，每天只知貪圖五欲之樂，更為了永不滿足的欲求彼此傷害。當無常來臨之際，又無能力超越。所以，世人又與這群牛有何差別呢！」不僅這群牛不知道無常的道理，很多人從生到死也都像在夢中一樣，在其中忙忙碌碌、吵吵鬧鬧，煞有介事。而世間的一切，每時每刻都不斷變化著，沒有永恆的東西，例如人有生老病死，這些都是無常。

佛法說，人生存的過程本身就是一個苦的事實，而在這個苦裡就有無常。無常生白髮，無常催別離，無常導致求不得，無常將朋友變為冤家。捉摸不定，隨時變化，這是無常，也是空。

無常就是沒有永恆，同時又是永恆，表面看來這是一個悖論，事實上並不矛盾。佛法講的「無常」，指的是沒有一樣東西是永遠不變的，只有「經常在變」這個原則永遠不變，所以無常就是永恆。

詩仙李白曰：「夫天地者，萬物之逆旅也；光陰者，百代之過客也。而浮生若夢，為歡幾何。」天地是萬事萬物的旅舍，光陰是古往今來的過客，人生浮泛，如夢一般，能有幾多歡樂？又何必過於癡迷！

蘇軾也在《前赤壁賦》中感歎「哀吾生之須臾，羨長江之無窮」，在浩瀚的宇宙面前，生命不過是須臾一瞬，汴京要受無常紅塵的顛簸。從夢中醒來，心中便會開闊明澈再無掛礙，對生死、自我也將不再執著。

假如有一天世人能夠認識並接受世事無常的事實，就能夠明白自己心中的欲望皆是妄念，自己所執著的一切都不是永恆的存在，想到這些而放下執著，才能得到解脫。

不自擾，煩惱都在身外

生命短暫，快樂有盡而苦難無窮。在佛教的四聖諦中，苦諦是最關鍵的一諦，也是佛教人生觀的理論基礎。佛教認為，人生有八苦：生、老、病、死、怨憎會、愛別離、求不得、五蘊盛。一個人從出生後發出第一聲啼哭，到去世時留下最後一抹微笑，幾十年都無法逃避人生的重重劫難。因此，人們寄希望於修行，希望在修行中得到解脫，而佛教的解脫之道就是滅苦之道。

解脫分為身體的解脫和心的解脫，也就是肉體的自由與心靈的自在，其中心的解脫比身體的解脫更為重要。現實生活中，常常有人抱怨學業不順利、生活節奏太快、工作太累。這些人身在牢籠之外，卻將自己的心困於牢籠之中；而有的人即使身陷囹圄，也能夠保持一顆從容淡定的心，欣賞明媚春光，聆聽蟲鳴鳥語，享受柔和微風。

「天下本無事，庸人自擾之」，的確，大多數煩惱其實都是人們自找的。

道信第一次見到僧璨禪師時，施禮問道：「大師慈悲，請您指點我解脫的方法。」

僧璨禪師並未直接回答他的問題，而是反問：「誰把你綁起來了呢？」

道信不明僧璨禪師為何發此問，於是恭恭敬敬地回答：「沒有誰捆綁弟子。」

僧璨禪師微微一笑，對道信說：「既然沒有人把你綁起來，你又為何求我幫你解脫呢？不是多此一舉嗎？」

道信頓時開悟，後繼承僧璨禪師的衣缽，成為禪宗的第四祖。

開悟之前的道信沒有領悟到是自己的心束縛了自己，心不自在，即使肉體進退自如，依舊會掙扎於痛苦與困惑之中。

《金剛經》中說「應無所住而生其心」，「無所住」就是無所掛礙、不執著，讓心自在，不讓心停在任何事物上，事過心過，事來心生。做了好事馬上要丟掉，同樣，對於痛苦的事情，也要丟掉。如果不丟掉，就是心有所住，也就是心被困住了。

希遷禪師住在湖南，有一次他問一位新來參學的學僧：「你從什麼地方來？」

學僧恭敬地回答：「從江西來。」

希遷禪師問：「那你見過馬祖禪師嗎？」

學僧回答：「見過。」

希遷禪師隨意用手指著一堆木柴問道：「馬祖禪師像一堆木柴嗎？」

學僧無言以對。

在希遷禪師處無法契入，這位學僧在回到江西後拜訪馬祖禪師，講述了他與希遷禪師的對話。馬祖禪師聽完後，安詳一笑，問學僧道：「你看那一堆木柴大約有多少重量？」

「我沒仔細秤過。」學僧回答。

馬祖哈哈大笑：「你的力量實在太大了。」

學僧很驚訝，問：「為什麼呢？」

馬祖說：「你從湖南那麼遠的地方，背了一堆柴來，還不夠有力氣？」

馬祖禪師用詼諧的語言點出了學僧的心態：放不下他人的毀譽，一點小小的煩惱時時放在心上，不肯釋懷。殊不知，只要自己放得下，一切煩惱便都在身外，不會對自己產生絲毫影響。

「百年三萬六千日，不在愁中即病中」，古人的詩句道出了人生苦惱的境地。

其實世間本沒有煩惱，是人心有了欲望，有了攀比心，才生出了「得不到」的煩擾和「比不上」的苦悶。一個人若能從容淡定，便會遠離煩惱，體驗另一種生命，另一番境界。

人只要活著，便會有無盡的煩惱，是糾結其中，還是超脫其外，全在於自己。不做庸人不自擾，不將煩惱放心頭，風過耳處，才能享受雲淡天高。

當提起時提起，當放下時放下

世間人，無論學佛之人還是不學佛之人都深知「放下」的重要性，可是真正能做到的人卻不多。「放下」二字，諸多禪味，人生在世，想做到提放自如，並非一件簡單的事情。提起需要承擔責任的勇氣，放下也需要斬斷妄念的魄力。提得起的人，是慈悲的人，是負責的人，是奉獻的人；而能夠放下的人，是有智慧的人，是自在的人，是解脫的人。

大多數人，總是提不起意志和毅力，放不下成敗；提不起信心和善心，放不下貪心和嗔心。

一對學禪的師兄弟走在一條泥濘的道路上。走到一處淺灘時，他們看見一位美麗的少女在那裡踟躕不前。

「來吧！小姑娘，我背你過去。」大和尚說罷，把少女背了起來。過了淺灘，他把小姑娘放下，然後和小和尚繼續前進。

小和尚跟在大和尚後面，一路上心裡不悅，默不作聲。

晚上，回到寺院後，他忍不住了，對大和尚說：「我們出家人要守戒律，不能親近女色，你今天為什麼要背那個小姑娘過河呢？」

「呀！你說的是那個小姑娘呀！我早就把她放下了，怎麼你到現在還掛在心上？」大和尚笑著答道。

大和尚背女子過河的舉動是提起，是負責和奉獻；背完之後立刻拋到腦後，是放下。既提得起，也放得下，這是大境界。

佛法言：懸崖撒手，自肯承擔。「懸崖撒手」就是一種放的姿態，有所捨，才能有所得。唯有放下，才能真提起。放下，不僅要放下自己，還要放下周遭所有的一切。表面的不執著並非真正地放下，正如故事中的小和尚一樣，看見別人有難，卻為了佛門戒律而袖手旁觀，以為是謹守佛門戒律，卻不知自己的掛心才是真正的放不下。

趙州禪師的禪風非常銳利，學者凡有所問，他的回答經常不從正面說明，要人從另一方面去體會。

有一次，一個信徒前來拜訪他，因為沒有準備供養他的禮品，就歉意地說：「我空手而來！」

趙州禪師望著信徒說：「既是空手而來，那就請放下吧！」

信徒不解他的意思，反問：「禪師！我沒有帶禮品來，你要我放下什麼呢？」

趙州禪師立即回答道：「那麼，你就帶著回去好了。」

信徒更是不解，說道：「我什麼都沒有，帶什麼回去呢？」

趙州禪師道：「你就帶那個什麼都沒有的東西回去好了。」

信徒不解趙州禪師的禪機，滿腹狐疑，不禁自語：「沒有的東西怎麼好帶呢？」

趙州禪師這才指示說：「你不缺少的東西，那就是你沒有的東西；你沒有的東西，那就是你不缺少的東西！」

信徒仍然不解，無可奈何地問：「禪師！就請您明白告訴我吧！」

趙州禪師也無奈地說道：「和你饒舌多言，可惜你沒有佛性，但你並不缺佛性。你既不肯放下，也不肯提起，是沒有佛性呢，還是不缺少佛性呢？」

我們缺少的東西，其實是實實在在擁有的東西，而我們卻看不見自己的本真，無故尋愁覓恨、不滿足、不知足，追求一些追求不到的東西。

我們無法清醒地認識到自己應該在乎什麼，應該放下什麼，所以才被心魔所困。我們要知道，放下了，才有可能真正抓住生命本身的樂趣。放下了，才有可能得以釋懷。放下時不執著於放下，自在；拿起時不執著於拿起，也自在。世間萬物，不必計較太多，跟著自己的心走，心裡放下了，也就真的放下了。

不拘於外物，便是輕鬆

佛祖在一次法會上說：「人生歷世，多一物多一心，少一物少一念，不要為外物所拘，心安理得處，就可明心見性，參悟佛法。」

不拘於外物，是一種大智慧。現實生活中，我們每天都渴望獲得自由，為此，就必須擺脫外力的影響，才能真正達到逍遙的境界。何為逍遙？在古人看來，如果人們能做到順應天地萬物的本性，把握六氣的變化，而在無邊無際的境界中遨遊，他們就不必再仰賴外物，自然能逍遙遨遊於天地之間。

要做到不依賴於外物，必須有大捨棄。倘若一個人，只顧在富貴功名裡鑽營，心被外物束縛，就沒有機會停下來思索自己的人生。人生在世，需要純粹一點，才看得見眼前廣闊的風景。

只有捨棄心外之物，才能活得輕鬆。若盲目地執著於外物，就只會讓自己活在束縛之中。

一位禪師講經時，遇到一位居士。那位居士有很多金銀珠寶存在銀莊裡，有一次，居士帶禪師去銀莊見識那些珠寶。

他們經過好幾道手續，終於由銀莊的夥計護送到了內堂。在內堂，居士打開箱子取出金銀珠寶後，禪師問：「這是你的？」

居士聽了，心裡很不舒服。他想，我只不過因為怕小偷，不敢拿回家，怕被人搶而不敢戴在手上罷了。雖說是存在銀莊裡，一個月才來看一次，可是，這些財產毫無疑問都屬於我，禪師居然懷疑它不是我的。

禪師說：「如果這都算是你的，那外面所有的珠寶鋪都是我的。因為我可以到那裡，隨便叫人拿珠寶出來給我看一看，摸一摸，再讓他們收起來。這些與你所做的事不是一模一樣？你這些存進銀莊的珠寶和那些珠寶鋪的珠寶又有什麼區別？這些珠寶，你既不敢戴著它，又不敢放在家裡，怎麼能算自己的？」

表面看來，居士擁有珠寶，實際上卻是被珠寶所縛。

對於外物的追求和執著，是人生一切痛苦的根源。我們對生命有太多苛求，因而生活得精疲力竭，遠離了幸福與快樂，生命也變得倉促，充滿了憂慮和恐懼。其實，人生於世，赤裸裸而來，離開時也不過兩手空空，在生命的過程中，一切擁有都是暫時的，都是身外物，沒有什麼真正屬於自己。既然如此，何必執著於外物，被外物所役？超越外物，就是超越自我，無物就是無我。不拘於物、不以物喜、不以己悲、給生命一份從容、給自己一片坦然，心境就不會隨外界的變化而變化。

不拘於外物的真正含義在於拋去一切多餘的雜念，直指目標。把握住人生的大方向，其餘一切都是無謂的執著。執著於外物而忽視自己的身心，無異於本末倒置，不如保持心境的安寧，捨棄繁華和喧囂。

釋懷是看不見的幸福

每個人在生活中都會經歷諸多事情，好的、壞的，不一而足。如何對待自己經歷過的每一件事，牢記於心，還是拋到腦後，是需要用心考慮的事。在佛家看來，執著於眼前的念想，而忘記生活的方向，是大糊塗。處世做人，應當時時警醒自己記住本心，記住人生的大方向、大目標，而忘記生活中小事的糾葛，才能做到佛家所說的釋懷。

人生如海，潮起潮落，既有春風得意、高潮迭起的快樂，也有萬念俱灰、惆悵漠然的淒苦。快樂時，不妨盡情享受快樂，珍惜眼前的一切；痛苦時，也不要怨天尤人。生於塵世，每個人都不可避免地要經歷苦雨淒風，面對艱難困苦，想開了就是天堂，想不開就是地獄。

我們應當在「忘」與「記」之中做出正確的選擇：忘掉不愉快，記住別人的好；忘卻自己的不滿之心，記住一些美好的東西。這樣才能活得更自在、更輕鬆。

一位法師正要出門時，其房內突然闖進一位身材魁梧的大漢，狠狠地撞在法師身上，把他的眼鏡撞碎了，還戳破了他的眼皮。那位撞人的大漢，毫無羞愧之色，理直氣壯地說：「誰叫你戴眼鏡的？」

法師笑了笑沒有說話。

大漢頗覺驚訝地問：「喂！和尚，為什麼不生氣呀？」

法師借機開示說：「為什麼要生氣呢？生氣就能使眼鏡復原嗎？生氣就能讓身上不痛嗎？倘若我生氣，必然生事端，就會造成更多的業障及惡緣，也不能把事情化解。若是我早些或晚些開門，就能夠避免事情的發生，說到底，其實自己也有錯。」

大漢聞言非常感動，向大師拜了又拜，問了大師名號，便離開了。

後來有一天，大師收到大漢的一封信，知道大漢勤奮努力，找到一份很好的工作，因為能夠以平和、寬容之心待人處世，所以得到了他人的尊重和家人的愛，生活非常幸福。

佛家講究釋懷，法師不執著於瑣事，心不為煩惱所掛礙，這就是一種釋懷。釋懷是一種看不見的幸福。遺忘別人的不好，銘記別人的好，我們對別人釋懷，即是對自己釋懷。正如一位哲人所說的：「人類儘管有這樣那樣的缺點，但我們仍然要原諒他們，因為他們就是我們。」

人之所以有痛苦和煩惱，是因為放不下執著心。放下不是放棄一切，而是放下讓自己感到沉重的東西，放下不屬於自己的東西。放下是對自己和他人的大度，是一種坦然的生活態度，也是一種生命的境界。生活中的不如意不可避免，事過心過，不要被它絆住自己的腳步，讓身心沉入無止境的痛苦之中。學會對生活中的磨難與痛苦釋懷，學會忘記他人的不好，記住一切美好的事，使內心充滿快樂和安寧，才能在人生的路上順暢前行。

執著是繭，縛住自己也隔絕幸福

《菩提心論》裡曾對「執著」做過這樣的解釋：執著是對自我的過分堅持。人總是趨向於保護自我、相信自我、供養自我、信賴自己，憑自己舊有的經驗行事。

人常作繭自縛。世人為了能夠突顯自己，用各種辦法詆毀他人，甚至踩在別人的頭上往上爬，其實是在給自己編織蠶繭，慢慢地使別人遠離我們的世界，直到別人再也進不來，自己也永遠出不去的時候，我們就會被生活拒絕，成為幸福的絕緣體。

若執著在人生的愁緒和痛苦當中，我們就無法得到解脫。人生在世要學會輕安、自在、不刻意追求、不索取、不用任何執著心給自己設置障礙。能活得簡單自然，本身就是一種幸福。世間之事大多有自己運行的規律，許多事由不得我們做主，越執著就越錯，也就越不可解脫。

蘇東坡和佛印禪師是好朋友，他們習慣拿對方開玩笑。有一天，蘇東坡到金山寺和佛印禪師打坐參禪，蘇東坡覺得身心通暢，於是問禪師道：「禪師，你看我坐的樣子怎麼樣？」

「好莊嚴，像一尊佛！」

蘇東坡聽了非常高興。

佛印禪師接著問蘇東坡道：「學士，你看我坐的姿勢怎麼樣？」

蘇東坡從來不放過嘲弄禪師的機會，馬上回答說：「像一堆牛糞！」

佛印禪師聽了也很高興。

蘇東坡以為贏了佛印禪師，於是逢人便說：「我今天贏了！」

消息傳到他妹妹蘇小妹的耳中，妹妹就問：「哥哥！你究竟是怎麼贏了禪師的？」蘇東坡神采飛揚地敘述了一遍他與佛印的對話。

蘇小妹聽了蘇東坡得意的敘述之後，說：「哥哥，你輸了！禪師心中如佛，所以他看你如佛；而你心中像牛糞，所以你看禪師像牛糞！」

蘇東坡啞然，方知自己禪功不及佛印禪師。

蘇東坡禪功不及佛印禪師正表現在，他心中還有一個執著於自我的羞恥心，說自己是佛就高興，說別人是牛糞就沾沾自喜，如果別人說自己是牛糞，就會心中冒火，這正是一個人執著於自我的表現。

究其根源，都是為了一個「我」，最放不下的也是這個「我」。於是所有人都拚盡一生，去賺取這個「我」所需要的物質享受和精神享受，最終衍生出無窮無盡的痛苦。

呱呱墜地的嬰兒，生下來都是兩手緊握，兩隻小小的拳頭彷彿要抓住些什麼；垂死的老人，臨終前都是兩手攤開，撒手而去。上天弄人，當人們雙手空空來到人世的時候，偏讓他緊攥著手；當雙手滿滿離開人世的時候，偏讓他把手攤開。無論窮漢還是富翁，無論高官還是百姓，都無法帶走任何東西。既然如此，又何必執著於一事、一物？想要跨越生命中的障礙，實現某種突破，就必須放下執著。

破除「我執」，生活處處動人

佛家有一個概念叫「我執」，就是人性對自我的盲目執著，就是人的私心和私欲，「我執」是淨心的最大障礙之一。

無法破除「我執」的人，總是感到凡是「我」想的理所當然是對的，凡是「我」要的理所當然要得到，「我」理所當然高於一切、優於一切，這樣就不可避免地產生偏執、痛苦、貪婪、怨恨、征服欲。人心成了煉獄，人間成了地獄，佛所說的各種痛苦和罪惡就都出現了。

實際上，「我」並非優於一切、高於一切。眾生平等，不能以平等之心對待別人，別人也不會以平等之心對待我們。以惡對惡，以自私對自私，自私與惡的惡性循環一旦開始，就無法終結，最終使人難逃苦海。只有破除「我執」，建立正確的自我觀和世界觀，才能擺脫這種狀況。

世間一切煩惱，皆由「我」而起，因「我」生執，因執而生苦，為「我」所困，內心便無法安寧。

有一位小尼姑去見師父，悲哀地對師父說：「師父，我已經看破紅塵，遁入空門多年，每天在這青山白雲之間，茹素禮佛，晨鐘暮鼓，經讀得愈多，心中的執念不但不減，反而增加，怎麼辦啊？」

師父對她說：「點一盞燈，使它既能照亮你，又不會留下你的身影，就可以體悟了！」

幾十年之後，有一尼姑庵遠近馳名，大家都稱之為萬燈庵。因為庵中點著成千上萬的燈，人們走入其間，步入一片燈海，燦爛輝煌。

這座萬燈庵的住持就是當年的那位小尼姑，自從與師父交談之後，她每做一樁功德，就點一盞燈，可無論把燈放在腳邊，懸在頂上，乃至以一片燈海將自己團團圍住，還是會見到自己的影子。燈愈亮，影子愈明顯；燈愈多，影子也愈多。她心中的困惑愈來愈深。

圓寂前，她終於在沒有一盞燈的禪房裡體悟到禪理的機要。

她沒有在萬燈之間找到一生尋求的東西，卻在黑暗的禪房裡悟道。她發覺身外的成就再高，也無法在內心尋找到安寧，如同身旁的燈再多再亮，卻只能造成身後的影子。唯有一個方法，能使自己皎然澄澈、心無罣礙，那就是，點亮一盞心燈。點亮心燈，才能由自身散發出光明，唯由心燈發出的光，才不會留下自己的影子。

我們經常習慣說：我的錢、我的面子、我的家、我的名譽、我的身體，「我的」讓人們處處計較，耿耿於懷。

超然忘我，放下得失之心，不執著於自己的得與失、喜與悲，便不會陷入欲求的痛苦之中。淡泊明志，寧靜致遠，擁有一顆寧靜的心，才能從容地面對自己的生活。生活的美與醜，全在自己怎麼看，如果將心中的醜陋和陰暗面徹底拋棄，選擇積極的心態，懂得用心去體會生活，就會發現，生活處處都美麗動人。

有所捨棄，才能活得灑脫

萬里行遊而心中不留一念，漫步雲端而世事無所牽掛。這般情境是否令你心馳神往？世事因緣，聚散無常，因此佛教大師經常勸誡人們：「只有放下，才能獲得真正的自由。」一個人能夠不為虛妄所動，不為功名利祿所誘惑，不因得意而忘形，才能體會到自己的真正本性，看清本來的自己。

禪宗認為，一個人只有把一切受物理、環境影響的東西都放下，才能夠逍遙自在。人之所以無法達到這般灑脫的境地，就是因為無法捨棄已有的一切。

相傳有一位名叫黑指的婆羅門曾在佛陀在世時求法。他拿著兩個花瓶，準備獻給佛陀。佛陀並沒有為他開示什麼，而是對他說：「放下！」

黑指謙卑有禮地彎腰將左手中的花瓶放在了地上，再次向佛陀請教，而佛陀依然不動聲色地對他說：「放下！」

黑指略一沉吟，又把右手拿的花瓶放了下去，未待他開口，佛陀還是對他說：「放下！」

這時，黑指沉不住氣了，不解地問道：「現在，我已經兩手空空什麼也沒有了，不知道您現在要我放下的是什麼呢？」

佛陀說：「從開始我就沒有要求你放下手裡的花瓶啊，我要你放下的是你的六根、六塵和六識。只有你把這些都放下了，把自己也放下了，才能從人世的種種桎梏中得到解脫。」

佛陀說的「放下」聽起來容易，做起來卻很難，有了功名，自然放不下功名；有了金錢，就放不下金錢；有了愛情，就放不下愛情，所謂「放不下」其實源於「捨不得」。

其實，有得必有失，得到越多，失去也就越多，然而人生的誘惑實在太多，看透名利背後真正的得失並非易事。我們的雙眼只看著得到的，卻看不到失去的；只看得到表面的輝煌，卻不知失去的珍貴。追名逐利中，我們忘了欲望的永無止境，也忘了失去的東西永不再來。身體上的重擔，心靈上的壓力，何止手上的兩個花瓶？

一位中年人向禪師問道，禪師給了中年人一個簍子讓他背在肩上，指著一條坎坷的道路說：「每當你向前走一步，就彎下腰來撿一粒石子放在簍子中，看看會有什麼感受。」

中年人照著禪師的指示去做，他背上的簍子裝滿了石頭後，禪師問他一路走來有什麼感受。他回答說：「感到越來越沉重。」

禪師說：「每一個人來到這個世界上時，都背負著一個空簍子。我們每往前走一步就會從這個世界上撿一樣東西，放進簍子裡，因此才會有越來越累的感慨。」

中年人又問：「那麼有什麼方法可以減輕生活的重負呢？」

禪師反問他：「你是否願意將名聲、財富、家庭、事業、朋友全部捨棄呢？」

那人默然，不能回答。

面對禪師的追問，中年人無法做出回答。一方面，他不願捨棄任何東西；另一方面又覺得很沉重很累。想活得輕鬆，又想擁有一切，這是人心的貪婪。即使不能捨棄名聲、財富、家庭、事業、朋友，至少可以做到捨棄對名聲的執著，拋下對財富的佔有欲，放下家庭中因牽絆而生的煩惱，捨棄對事業成敗的在意，在與朋友交往的過程中，捨去自私。

人們參禪，總是希望有所得而歸，但法師常常告誡修行之人：「你來這裡，不是我們要給你什麼東西，而是希望你放棄很多東西，在這裡聽到的東西，不要成為你的負擔。不要執著，應該放下。若不放下，不捨棄，負擔重，會痛苦。」禪修不是為了得到，而是為了學會捨得。學會捨棄，學會剪除生活多餘的枝葉，這樣才可以使心靈獲得解脫，讓自己活得灑脫，不為名利成敗所累，身心自在。

卸掉重負，輕裝上路

歷史上，很多得道禪師為了追求更高的境界而放下了一切，豐子愷在談到佛教大師出家時就做了如下分析：

「我以為人的生活可以分為三層：一是物質生活，二是精神生活，三是靈魂生活。物質生活就是衣食，精神生活就是學術文藝，靈魂生活就是宗教，人生就是這樣一座三層樓。

「懶得（或無力）走樓梯的，就住在第一層，錦衣玉食、尊榮富貴、孝子慈孫，這樣就滿足了，這也是一種人生觀。抱這樣的人生觀的人佔大多數。其次，高興（或有力）走樓梯的，就爬上二層樓去玩玩，或者久居在那裡，這就是專心學術文藝的人。這樣的人在世間也很多，即所謂知識份子、學者、藝術家。

還有一種人，人生欲很強，對二層樓還不滿足。這類人做人很認真，滿足了物質欲還不夠，滿足了精神欲還不夠，必須探求人生的究竟；他們以為財產子孫都是身外之物，學術文藝都是暫時的美景，連自己的身體都是虛幻的存在；他們不肯做本能的奴隸，必須追究靈魂的來源、宇宙的根本，這些才能滿足他們的『人生欲』。」

為了探知生命的究竟、登上靈魂生活的樓層，把財產子孫都當作身外物，輕輕放下，輕裝前行，這是一種氣魄。

一位佛教法師出家前曾是一名老師，在剃度的前一天晚上，他與自己的學生話別。學生們對老師能割捨一切遁入空門既敬仰又覺得難以理解，一位學生問：「老師何為而出家？」

法師淡淡答道：「無所為。」

學生進而問道：「忍拋骨肉乎？」

法師給出了這樣的回答：「人世無常，如暴病而死，欲不拋又安可得？」

法師便是看透了人世無常，也看透了「不拋又安可得」的人生真相，所以毅然割捨塵世。

人活於世，被諸多事情纏身——事業、愛情、金錢、子女、財產、學業這些東西看起來都那麼重要，一個也不可放下。可是，什麼都想得到的人，最終往往為物所累，導致一無所有。只有懂得放棄的人，才能達到至高的境界。

生活中，每個人都背著背囊在路上行走，負累的東西少，走得快，就能儘早接觸到生命的真意。遺憾的是，人們想要的東西太多了，背負著沉重的負累還不夠，還要給自己增添莫名的煩憂。

一個背著大包裹的憂愁者，千里迢迢跑來找無際大師。他訴苦道：「大師，我是那樣的孤獨、痛苦和寂寞，長期的跋涉使我疲倦到極點，我的鞋子破了，荊棘割破雙腳，手也受傷了，流血不止，嗓子因為長久的呼喊而沙啞，為什麼我還不能找到心中的陽光呢？」

大師問：「你的大包裹裡裝的是什麼？」

憂愁者說：「它對我很重要，裡面是我每一次跌倒時的痛苦，每一次受傷後的哭泣，每一次孤寂時的煩惱，靠著它，我才走到你這兒來。」

於是，無際大師帶憂愁者來到河邊，他們坐船過了河。上岸後，大師說：「你扛著船趕路吧！」

「什麼？扛著船趕路？」憂愁者很驚訝，「它那麼沉，我扛得動嗎？」

「是的，孩子，你扛不動它。」大師微微一笑，說，「過河時，船是有用的，但過了河，我們就要放下船趕路，否則，它會變成我們的包袱。痛苦、孤獨、寂寞、災難、眼淚，這些對人生都是有用的，它們能使生命得到昇華，但若是念念不忘，它們就成了人生的包袱。放下它吧！孩子，生命不必如此沉重。」

「生命不必如此沉重」，我們也能從中體會到生命的智慧：放下痛苦，才能收穫幸福；放下負擔，才能走得更遠。

天空廣闊能容下無數的飛鳥和雲彩，海湖廣闊能盛下無數的游魚和水草，要想擁有足夠輕鬆自由的空間，就得拋去瑣碎的繁雜之物，比如無意義的煩惱、多餘的憂愁、虛情假意的阿諛奉承。如果把生命比作一座花園，這些東西就是無用的雜草，不如將其剪除。

人生旅途中，每個人都會得到很多，幸福、淚水、溫暖、孤獨，不論好壞，每一種都是屬於自己的收穫。有收就有放，只有坦然放下一切多餘的負累，才能真正提起生命的意義，在收放之間，自我才能不斷提升。為心靈找一個安頓之所，卸掉背上的重負，輕裝上路吧，人生本不必如此沉重。

第四章

舒心

無心而求，找回內心的純粹和充盈

靜心抬頭，為自己開一扇窗，便看得見廣闊晴朗的天，
心中的煩惱也好似天邊浮雲，轉瞬便會消逝。
生活有了繁雜才顯真實，
不煩惱，不疾不徐地對待紛擾才能身心舒坦。

誰在給我們設置障礙

給我們設置障礙的並不是生活中的挫折，而是一顆斤斤計較、不豁達的心。

人生在世要學會輕安、自在。生活中難免有種種煩惱和障礙，倘若執著於這愁緒和痛苦中，就無法得到解脫。

人的心像一塊田，你撒下什麼樣的種子，就會有什麼樣的收穫。心胸狹窄的人凡事斤斤計較，以自我為中心，考慮問題總是從自己的角度出發，其實最後的苦果還是要自己嘗。

痛苦、悲哀皆為心造，心中放不下痛苦，痛苦便會一直跟隨；心裡有悲哀，人生便處處悲傷。如果整個身心都被仇恨怨憤佔據了，怎麼還能容得下其他？生命自然也因此變得狹隘。活在陰影之下的人，當然不可能快樂。

一個人在他二十五歲時因被人陷害，在監獄裡待了十年。後來冤案告破，他終於走出監獄。出獄後，他開始了幾年如一日地反復控訴、咒罵：「我真不幸，在最年輕有為的時候竟遭受冤屈，在監獄裡度過了最美好的一段時光。那樣的監獄簡直不是人居住的地方，狹窄得連轉身都困難。唯一的小視窗也透不進來陽光，冬天寒冷難忍，夏天蚊蟲叮咬，真不明白，上天為什麼不懲罰那個陷害我的傢伙，即使將他千刀萬剮，也難解我心頭之恨啊！」

七十五歲那年，在貧病交加中，他終於臥床不起。彌留之際，一位德高望重的禪師來到他的床邊：「已經過去那麼多年了，你為何還如此耿耿於懷呢？」

禪師的話音剛落，病床上的他聲嘶力竭地叫喊起來：「我怎麼能釋懷，那些將我陷於不幸的人現在還活著，我需要的是詛咒，詛咒那些施與我不幸命運的人。」

禪師問：「你因受冤屈在監獄待了多少年？離開監獄後又生活了多少年？」他惡狠狠地將數字告訴了禪師。

禪師長歎了一口氣：「你真是世上最不幸的人，他人囚禁了你區區十年，而當你走出監獄本應獲得自由的時候，卻用心底的仇恨、抱怨、詛咒囚禁了自己整整四十年！」

十年的時間縱使漫長，可是與四十年相比，也算不得什麼。世上最不幸的人不是遭遇無數坎坷的人，而是用苦痛囚禁自己心靈的人。

有一位哲人說過：「世界上沒有跨越不了的事，只有無法逾越的心。」心一旦被自己封閉起來，我們自身的發展也就被限制了。所以，遇到不平之事或遭受苦難時，最重要的是放開自己的心、原諒外界的傷害、原諒生命的起伏、原諒自己。懂得原諒，就是給自己一片空間，就是解脫自我。

你是否也有類似的遭遇？

生活中，一次次的受挫、碰壁後，奮發的熱情、欲望被自我設限壓制、扼殺。你開始對失敗惶恐不安，卻又習以為常，喪失了信心和勇氣，漸漸養成了懦弱、猶豫、害怕承擔責任、不思進取、不敢拚搏的習慣。這些不良的想法和習慣漸漸地捆綁住你，讓你陷入缺乏信心的泥沼裡無力自拔，久而久之，你就失去了勇氣，於是慢慢沉淪，安於囚籠中。此時，只有走出囚籠，不再抱怨和詛咒，幸福才會溫柔地擁抱你。

人人都希望生活順暢，都希望擁抱幸福，可是現實中很多遭遇都不是人力所能控制的。痛苦也好，難以忍耐的遭遇也罷，關鍵不是我們為此失去了什麼，而是在經歷過這些之後，我們學會了什麼，得到了什麼。

當上天的考驗已經成為過去時，我們要學會將這場考驗中所經受的苦楚拋到腦後，否則，我們的人生將淪為痛苦的犧牲品。

不快樂是因為活得不單純

人之所以不快樂，是因為活得不夠單純。

人本是自然之子，但在社會發展的進程中，人一方面不斷進化，以文化區別於動物；同時也被社會所異化，表現出許多非自然的屬性，尤其是在商業社會中，這種異化尤為明顯。

要保持人原有的質樸、純真的自然屬性，就需要養一顆自然之心。整日工於心計、追逐名利，如何養身，如何養心？

要回歸自然，首先要在心態上回到自然中去。以單純自在的心態樂享自然中最本初原始的一切，從每一種花草身上看見美麗，從每一陣清風中聽到時光的低吟淺唱，讓生活的每一個細節回歸自然的淳樸，便能從現實的煩惱中超脫。

高峰妙禪師住在山洞裡，每天以自然中的野果為餐。很多人對他這樣的修行方式十分不解，有人問他：「野果有什麼好吃的呢？」

高峰妙禪師說：「野果可比任何山珍海味都要美味。」

那人說：「你看你，住在這個山洞裡，亂糟糟的，頭髮長了也不梳理。」

禪師說：「我並沒有煩惱，還需要梳理什麼？」

「你一年到頭就這一身衣服，為什麼不多備一套呢？」

「佛法慈悲，道德這身衣服足矣。」

「你沒有朋友，沒有愛人，不覺得孤單嗎？」

高峰妙禪師指指外頭：「看見花花草草了嗎？大自然的一切都是我的朋友。」

那人猛然醒悟，高峰妙禪師的生活才是自在的，灑脫的。

一心參禪，與大自然融為一體，享受清淨、新鮮的生活滋味，實在難能可貴。自然是功名的清新劑。人活著要順其自然，不受外界環境的任何影響。過於倚重外物與環境只會讓人充滿煩惱，無從解脫。古人說：「天下本無事，庸人自擾之。」的確，天底下大多數煩惱其實都是人自找的，解脫本是多此一舉。

生活中，我們也像這個人一樣四處尋找解脫的途徑，殊不知，並沒有誰捆住我們的手腳，真正難以突破的是心中的瓶頸。突破心中的瓶頸，清除心中的垃圾，就可以在屬於自己的天空中自由翱翔。

人之所以不快樂，是因為活得不夠單純；活得單純，才能超脫生活的瑣碎煩惱。以下幾條可作為具體參照：

一、不刻意追求、不用任何執著心給自己設置障礙。能活得簡單自然，本身就是一種幸福。

二、保持本色，不人云亦云，不亦步亦趨。人應活出自己的本色，保留一顆原始樸素的初心；而不應隨波逐流，給自己增添負擔。

三、過簡樸生活。清理生活中由欲望帶來的累贅，擁有的東西能滿足需要就好。這樣的簡單生活能清理內心，帶來內心的充足和寧靜。

一個人若能回歸單純的天性，就能清除心中的煩擾，讓心靈恢復最初的本真和快樂。

快樂在於找到內在的純粹和自由

快樂不是費盡心機計算出的結果，而是一個無心而求的美好過程。

世人皆喜日出，因為日出昭示著希望；許多禪門中人則喜日落，因為觀日落可以得定，可以發慧，落日柔和清涼有慈悲相，可提醒是日已過的無常。

落日是永恆，是生必然走向滅的象徵，能洞察生滅現象者，才是有智慧的人。日出與日落皆是天地運行的一種規律，正如榮與枯都是生命固有的一種狀態，本就無須以人心的悲喜來評價。榮也好，枯也罷，都是無心、隨緣的結果，都包含著生命自由而純粹的喜悅。

藥山禪師在庭院中打坐，身邊有雲巖和道吾兩名弟子相伴。禪師坐禪之後，看兩名弟子仍然若有所思，便指著院中的兩棵老樹問道：「你們看這兩棵老樹，已經在寺中經歷了上百個年頭，如今，這兩棵樹一枯一榮，你們說，是枯的好，還是榮的好呢？」

道吾回答道：「榮的好！」

雲巖答道：「枯的好！」

藥山禪師並未答話，恰逢一位侍者從旁邊路過，於是藥山禪師將他喊了過來，問他道：「你看院中的這兩棵樹，是枯的好呢，還是榮的好？」

侍者回答道：「枯者由他枯，榮者任他榮。」

藥山禪師面露微笑，讚許地朝侍者點了點頭。

同一個問題有三種不同的答案：「榮的好」，表示一個人的性格熱忱進取；「枯的好」，說明這個人清淨淡泊；「枯者由他枯，榮者任他榮」，則是順應自然，各有因緣。所以有詩曰：「雲巖寂寂無窠臼，燦爛宗風是道吾；深信高禪知此意，閒行閒坐任榮枯。」

花草樹木的枯榮與太陽的東升西落，如晝夜的交替、四季的轉換一樣，是自然界裡極其平常的事情，而一旦與個人際遇相聯繫，人們便會生發出無限感慨。大多數人會因為美好事物的逝去而感傷慨歎，但實際上大可不必如此。

枯有枯的道理，榮有榮的理由，並無好壞之分，好或不好只是個人根據主觀感受做出的評判。事無好壞，唯人揀擇，就像紅塵中的我們，每一天的起臥作息皆順其自然，飢來張口睏來眠，看似平常，卻正是人生的無限風光。

有一位老師帶學生們登山賞雪，雪在山崖樹影中交織成一幅美麗的畫卷，所有人都被造物的神奇所震撼。

老師站在一棵樹下，恰好一滴融化的雪水滴在了他的頭上，於是他向學生們提了個問題：『同學們，雪融化之後，會變成什麼呢？』

學生們異口同聲地回答：「水！」

老師似有不滿，但仍對同學們做了一個讚賞的手勢。

這時，一個老和尚從旁邊經過，他抬頭看了看滿山的雪色，若有所思地說：

「雪融化了，難道不是春天嗎？」

雪化之後，變成了春天，一則生活中隨心而至的常識，也可以綻放出童話般的美麗。冬天過去，春天將至，日落之後，還有日出，我們又何必自討紛擾？

生活中，每個人都在尋找快樂，每個人的快樂也不盡相同。有人認為成為另一個比爾．蓋茨，獲得巨額財富就是快樂；有人認為擁有閉月羞花、傲視西施貂蟬的美貌是快樂；有人認為和相愛之人相濡以沫、白頭到老是快樂；有人認為平平淡淡過完每一天是快樂。

快樂不是費盡心機計算出的結果，而是一個無心而求的美好過程。只有不為欲望所苦，順其自然地生活的人才能時時刻刻享受永恆而無限的快樂。從現在起，不妨試著清空內心多餘的執念，安於生活：

一、以捨為有。不妄想，不貪求，捨棄多餘的欲望，才能減輕心靈的重負，活得輕鬆自在。

二、滿心歡喜。不僅要從內心生發出無限的歡喜，還要學會將這種歡喜傳播給別人，這樣才能讓身心圓滿充足。

三、吃虧受苦時，要將這些當成理所當然的事坦然接受。這樣，自然不會有怨天尤人的心，自然就能獲得自在。

快樂在於找到內在的純粹和自由，心胸空靈，身處欲望之中，心離欲望之外，便能達到不受拘束的境界。榮枯無意，生命本是自然，無心而求才能達到真正的自在之境。

靜心抬頭，發覺生活的千般美麗

世人每天都在忙碌、不安和煩惱中度過，一個煩惱過去下一個煩惱又來，愁工作、愁財富、愁子女，甚至有時候顧影自憐。總之，各種各樣的煩惱層出不窮，永不停息。

煩惱由心產生，世間煩惱本是庸人自擾。一個人如果在面對世事變幻的時候，能夠始終保持自己的本心，不生妄念，又何來煩惱呢？

煩惱如同不良生活習慣所導致的疾病，淡定從容的生活態度，則是免於煩惱的健康生活習慣。這種良好的習慣並非每個人都有，即使是得道的高僧也會偶爾心生妄念，自尋煩惱。

白雲守端禪師在方會禪師門下參禪，幾年來都無法開悟。方會禪師憐念他遲遲找不到入手處，便想借機開示他。一天，方會禪師在禪寺前的廣場上和白雲守端禪師閒談，方會禪師問：「你還記得你的師父柴陵郁禪師是怎麼開悟的嗎？」白雲守端回答道：「我的師父是因為有一天跌了一跤才開悟的。悟道以後，他說了一首偈語：『我有明珠一顆，久被塵勞封鎖，今朝塵盡光生，照破山河萬朵。』」

方會禪師聽完以後，大笑幾聲，徑直而去，留下白雲守端愣在當場，心想：「難道我說錯了嗎？為什麼老師嘲笑我呢？」白雲守端始終放不下方會禪師的笑聲，幾日來，飯也無心吃，睡夢中也會無端驚醒。他實在忍受不住，就請求老師明示。

方會禪師聽他訴說了幾日來的苦惱，意味深長地說：「你看過廟前那些表演把戲的小丑嗎？小丑使出渾身解數，只是為了博取觀眾一笑。我那天對你一笑，你不但不喜歡，反而不思茶飯，夢寐難安。你對外境這麼認真，連一個表演把戲的小丑都不如，如何參透無心無相的禪呢？」

方會禪師一針見血地找到了白雲守端的病根，連一笑都不能放下，更何況整個世界呢？煩惱是無緣無故的風，如果無法保持平靜淡定，對任何事都深思不已、糾纏不休，我們的心湖就會被煩惱的風掀起波瀾。

有句佛語叫「掬水月在手」，蒼天的月亮太高，凡塵的力量難以企及，但是開啟智慧，掬一捧水，月亮就會被捧在掌心。面對生活中各種紛繁複雜的問題也應有此心境，不要一心攀摘得不到的東西，而要以智慧心發覺生活的千般美麗。解脫煩惱的方法其實很簡單，從生活中的細節開始做起，一點點改變心境，就能活得快樂從容：

一、淡定安然地面對各種問題。生活中總有不盡如人意的地方，關鍵在於我們怎樣看待。一個人若總是把問題的責任歸咎於自己，或者永遠盯著消極面，那麼，不用多久一定會煩惱成疾。

二、不為自己制訂過高的目標。

三、遇事不喋喋不休地批評、挑刺、埋怨、小題大作，不自尋煩惱。

「百年三萬六千日，不在愁中即病中」，古人的詩句道出了人生苦惱的原因。其實世間本沒有煩惱，是人心有了欲望，有了攀比，才生出「得不到」的煩擾和「比不上」的苦悶。一個人若能從容淡定，便能遠離煩惱，體驗另一種人生，另一番境界。

佛法認為，一切世相皆由心造。以浮躁心觀世，世界就好似一間緊閉門窗、裝滿煩惱的屋子，每個人都被關在這間密不透風的屋子裡，像一隻焦躁的困獸，圍著自己的尾巴打轉，追逐，無法得到安寧。

如果能夠靜心抬頭，為自己開一扇窗，便看得見廣闊晴朗的天，心中的煩惱也好似天邊浮雲，轉瞬便會消逝。生活有了繁雜才顯真實，不煩惱，不疾不徐地對待紛擾才能身心舒坦。

微笑的力量

微笑是一種面對生活的樂觀和豁達，是一種改變命運的強大能量。

水往往給人以柔和婉轉的感覺，一如微笑給人的柔和之感。正如為了健康人們須日日飲水一樣，為了歡樂人們也應時時微笑。然而，生活中的人們非常吝惜自己的微笑，往往只把微笑給自己熟悉的人，給予陌生人的表情則是緊張而嚴肅的；而且，大多數人對於突如其來的微笑會感到不適應，要麼認為對方認錯了人，要麼覺得對方是「無事獻殷勤，非奸即盜」，於是非但不回報以微笑，反而會本能地加強警惕。

與人相處時，善意的開始必然帶來快樂融洽的結果。面帶微笑，心存真誠，兩人相對視的第一個瞬間，必定能傳達出友好的信號。

有一個人常常覺得生活沒有任何意義，除了悲傷就是煩惱，所以，他越來越頹廢、越來越憂鬱。一天，他聽說在遠方的深山裡有一位得道高僧，能夠幫人答疑解惑，便跋山涉水地尋到這座寺廟，向老禪師請教解脫之法。

憂鬱者問：「禪師，我究竟應該怎麼做，才能夠擺脫這悲觀痛苦的深淵，得到充實而輕盈的快樂呢？」

禪師回答：「微笑，對自己微笑，也對他人微笑。」

憂鬱者仍然困惑，又問：「可是我沒有微笑的理由啊！生活如此艱辛，我又怎麼笑得出來呢？」

禪師略微思索了一下，說：「第一次微笑是不需要理由的，你只要盡情地綻放自己的笑容就可以了。」

「那麼第二次、第三次呢？一直都不需要理由嗎？」

「不要擔心，第二次、第三次的時候，微笑的理由就會自己來找你。」

不久以後，寺中來了一位快樂的年輕人，他徑直來到老禪師的禪房外，輕輕地敲了敲門，說：「禪師，我回來了。」

老禪師並未打開門，只在屋內問道：「你找到微笑的理由了嗎？」

「找到了！」年輕人興奮地說。

「那麼，你是在哪裡找到它的呢？」

「當我第一次對來向我借東西的鄰居微笑的時候，他同樣給了我一個微笑，那一刻，我發現天空是那麼遼闊，空氣是那麼清新！第二次，當我走在路上被一個人撞到時，我並沒有憤怒，而是送給他一個微笑，我得到了他發自內心的歉意和感謝，那是人世間多麼美好的情感！第三次，當我把微笑送給在草地上玩耍的孩子們時，他們拉著我加入他們遊戲的隊伍。我不再吝嗇自己的笑容，把它們送給路上的陌生人，送給街邊休息的老人，甚至送給曾經羞辱過、欺騙過、傷害過我的人們。在這個過程中，我收穫了高於我所付出幾倍的東西，這裡面有讚美、感激、信任、尊重，也有一些人的自責和歉意。這讓我更加自信、更加愉快，也更加願意付出微笑。」

「你終於找到了微笑的理由。」禪師輕輕地推開房門，微笑著對他說，「假如你是一粒微笑的種子，那麼，他人就是土地。」

微笑如水般柔婉，帶給他人的心靈安慰和享受。微笑是一種力量，是幸福快樂生活的必需品。微笑能夠使煩惱得到解脫，使疲勞得到安適，使頹唐得到鼓勵，使悲傷得到安慰。

面對他人，自然而然流露出的微笑既能展現自己的友好、熱情，更能顯示一個人的自信、教養，以及積極的人生態度，從而在對方心靈中投射下一束溫暖的陽光。

不要小看一個微笑的力量，微笑是一種面對生活的樂觀和豁達，是一種改變命運的強大能量。時時微笑，就能讓自己的人生時時保持快樂歡喜。

不與外界爭執，少和自己較量

世相本空，煩惱也是空，不提起煩惱，便無須放下。人生不被任何事左右，來去自如、神清氣爽，何愁不從容。

風過竹林之時，竹葉隨風而舞自然簌簌有聲；雁過清潭之時，清澈潭水中必倒映雁群身影。但風落、雁過之後呢？《菜根譚》裡有一句話：「風來疏竹，風過而竹不留聲；雁渡寒潭，雁去而潭不留影。」

無論是喜怒哀樂，還是悲歡離合，長長短短的因緣際會之後，一切皆空。諸法都是空相，飄然而過不著痕跡。常人將出家修佛稱作遁入空門，四大皆空，如去如來，無遮無礙，是為空。

佛門即空門，悟極返空，既然眾生都在苦苦求索著「空門」的真諦，佛祖自然不會將門關閉，而是大開佛門，只待有緣人。空是悟後所抵達的一種境界，悟來悟去終是空。

空並不是指空空如也，什麼都沒有，而是指不能永恆，虛幻而難以捉摸，隨時變化，只有空才是不變的真理。理解了無常，才能放下心中的執著。

人的煩惱多源於自我，為了維護「我」以及「我」的所屬物，陷入無窮無盡的糾纏中，既和外界爭執，也和自己較量，心中太多牽絆，無從解脫。其實，世間本無「我」，又何苦執著？放下、忘記、拋卻，才是悟到空的途徑。

空並不是指一切都沒有，而是說人可以努力去促成某事，但無論成功還是失敗，都不需要放在心裡。得失不掛心，才能斬斷煩惱的根源。空是指對一切不貪戀，萬事都放下，心中無一物，才不會有執著心，沒有執念，才不會產生痛苦。

倘若一個人時刻執著於尋找快樂，就會離快樂的本質越來越遠。正如修行本是事實，卻應在修行過程中忘記這個事實，不執著於修行的念頭，才能更好地得到悟證。

趙州禪師對眾弟子說了一句禪語：佛是煩惱，煩惱是佛。眾弟子不解，紛紛前來詢問：「禪師你說佛是煩惱，那麼佛在為誰煩惱呢？」

趙州禪師說：「佛在為芸芸眾生而煩惱。」

弟子又問：「怎麼做才能免除煩惱呢？」

趙州禪師嚴肅地責問弟子：「免除煩惱做什麼呢？」

還有一次，趙州禪師看見一個弟子在禮佛，就打了他一下，問：「你在做什麼？」

弟子不知自己犯了什麼錯誤，惴惴不安地回答：「我在禮佛。」

趙州禪師斥責他：「佛是用來禮的嗎？」

弟子頓覺委屈：「禪師，禮佛不是好事嗎？」

趙州禪師又打了他一下，說：「好事不如無事。」

煩惱不必放下，因為對於佛祖來說，本就不曾提起，禮佛本是好事，但與其惦記著禮佛這個過程，不如將這個念頭拋卻。

在短暫的生命中，煩惱只是須臾一瞬，做人若能悟到這一境界，自然能擺脫煩惱，無牽無掛，滿心歡喜。佛教是一個重視心靈力量的宗教，人只有從內心辨識煩惱，認識煩惱，領悟煩惱的本質，並在此基礎上清除煩惱，才能獲得真正的自在。以下三點可略作參照：

一、要明因識果，從自制中克服欲望。

二、要攝心正念，從寧靜中安頓身心。

三、要少執多放，從捨得中體會快樂。

人生不被任何事左右，來去自如、神清氣爽，何愁不從容。生活是一串乾乾淨淨的念珠，本無煩惱憂愁，是我們自己將無數的煩惱寄託在念珠之上，而在生活中行進就好比轉動煩惱的念珠，轉過去一個，煩惱便消失一個，轉回來一個，煩惱便又再來一個。懂得跳脫虛無的煩惱，就能於自在中輕鬆撚動佛珠，順暢前行，捕獲快樂。

吃飯睡覺也是修行

生活的點點滴滴都藏著快樂，人生的修為就在平常的吃飯睡覺間。

《紅樓夢》中有一句話：「無故尋愁覓恨。」意思是沒有原因地尋愁覓恨，心裡講不出理由，只是覺得煩悶。

人無事也要尋覓一點愁怨，更何況有事時？世間人大多如此，每天都被諸多莫名其妙的煩惱所包圍，心靈很少有平靜的時候。心頭的閒愁太多，吃飯就不香；心底的思慮太多，睡眠便不寧。

一天，有源禪師去拜訪大珠慧海禪師，請教參禪用功的方法。他問慧海禪師：「禪師，您也要用功參禪嗎？」

禪師回答：「用功！」

有源又問：「怎樣用功呢？」

禪師回答：「餓了就吃飯，困了就睡覺。」

有源不解地問道：「如果這樣就是用功，那豈不是所有人都和禪師一樣用功嗎？」

禪師說：「當然不一樣！」

有源又問：「哪裡不一樣呢？不都是吃飯睡覺嗎？」

禪師說：「一般人吃飯時不好好吃飯，有種種思量；睡覺時不好好睡覺，有千般妄想。我和他們當然不一樣。」

世間人之所以不能求得心安，原因就在於他們總是有種種思量和千般妄想。如果能擺脫那些無故尋來的煩惱，那麼每個人都可以達到佛的境界。

佛法其實很平凡，修行之道無非平常生活，餓了吃飯，睏了睡覺。問題是許多人都做不到這一點，尤其當壓力纏身時，心心念念都是煩惱，又何來吃飯睡覺的平常心？

擁有平常心很難，人們生活在煙塵滾滾、人口密集的城市、環境的污染、對物質的追逐，人心的敗壞，無一處不起苦悶，無一處不生煩惱。高度發展的科學技術，複雜的社會環境，使得現代人逐漸失去了與自然界的聯繫，失去了和諧統一的心身，也喪失了在生命中盡情歡笑、盡情哭泣的能力。

現代人迫切需要的不是更多的物質享受，而是讓支離破碎的生活得到片刻圓滿、讓紛擾的內心獲得清淨的智慧。這種智慧就體現在生活最平常的細節中：

一、**做好當下的事情**，在日常生活中體悟尋常的真味。

二、**專心致志於眼前每一個細節**。正如佛家修行不一定身在禪房，做人也是一樣，不必去深山求道。生活的點點滴滴都藏著快樂，人生的修為就在平常的吃飯睡覺間。吃飯時專心吃飯，睡覺時安心睡覺，自然能心境輕鬆、不急不緩地在凡常中得到超脫之樂。

三、**不執著於已經過去或還未到來的煩惱，認真活在每一刻**。將每一件小事都當成一種修煉。

每個人都可以在最平凡的生活裡找到快樂，不論佛學修行還是消除煩惱、找到幸福，最先做的都不應是念「阿彌陀佛」或是空想，而應是完成一個人在世上應該做好的事。只有把該做的事情做圓滿了，才能體悟尋常生活的真諦，才能以一顆平常心安住於世間，尋獲快樂。

處處退一步，步步饒一會

豁達博大的胸懷，不計較小節的瀟灑，歡喜了別人，也放過了自己。常常爬山的人，都知道「山不轉路轉，路不轉心轉」的道理。禪宗也有類似的說法，「山不轉路轉，境不轉心轉」，境由心生，心乃工畫師，能畫世間萬般景象。「芭蕉葉上無愁雨，只是聽時人斷腸」，心外陽光明媚、鳥語花香時，內心可能愁雲密佈。人生中總會碰到不順心的事情，在必要時採取適當的方法剪掉心中的死結，才能擁有更廣闊的心靈空間。

心胸豁達，不論心外是否有陽光，內心都晴朗而開闊。生活中的諸多事情，什麼該記住，什麼該忘卻，是需要我們用心體會的。人們往往執著於眼前的念想，而忘記了生活的方向，這被佛家看成大糊塗。做人需要時時警醒自己記得本心的生命，忘記生活中小事的糾葛，這樣方可達到佛家所說的釋懷。

在生活中，人們難免與周圍的人發生不同程度的磕磕碰碰。我們要學會記住一些美好的東西，忘卻自己的不滿之心，如此便能活得自在、輕鬆。

天剛破曉，朱友峰居士便興匆匆地抱著鮮花和供果，趕到大佛寺參加寺院的早課。誰知他剛一踏進大殿，就與左側跑出來的人撞了個滿懷，捧著的水果也撞翻在地。朱友峰看到滿地的水果忍不住叫道：「你看！你這麼魯莽，把我供佛的水果都撞翻了，你要給我一個交代！」

撞他的人叫李南山，他也非常不滿地說道：『已經撞翻了，我說一聲對不起就夠了，你幹嗎這麼凶？」

朱友峰氣道：「你這是什麼態度？自己錯了還要怪人！」接著，彼此咒罵，互相指責的聲音此起彼落。

廣圄禪師正好經過，就將兩人帶到一旁，問明原委，開示道：「莽撞的行為是不應該的，但不肯接受別人的道歉也是不對的，這些都是愚蠢不堪的行為。能坦誠地承認自己的過失及接受別人的道歉，才是智者的舉止。」

廣圄禪師接著又說：「生活在這個世界上，需要我們協調的生活層面太多了。例如：在社會上，如何與親人、朋友相協調；在教養上，如何與師長們溝通；在經濟上，如何量入為出；在家庭上，如何培養夫妻、親子的感情；在健康上，如何使身體健全；在精神上，如何選擇自己的生活方式。能夠協調好這些才不致辜負我們可貴的生命。想想看，為了一點小事，一大早就破壞了一片虔誠的心境，值得嗎？」

李南山先說道：「禪師！我錯了，實在太冒失了！」說著便轉身向朱友峰道：「請接受我至誠的道歉！我實在太愚癡了！」朱友峰也由衷地說道：「我也有不對的地方，不該為一點小事發脾氣！」

廣圄禪師的一番話，感化了這兩位爭強好鬥之人。

我們常常為生活中的瑣事大發雷霆，但歸根結底，那都是因為我們的心不夠沉靜，就像一杯混濁的水。

沉下心來思考，不難發現，每一次讓我們生氣的其實都是一些小事而已，是自己的計較導致這些小事影響了我們一天的心情。我們不妨寬容、隨興一些，以使自己擁有健康快樂的心。

一、處處退一步，人我不計較。我們不與別人斤斤計較，不但給了別人機會，也取得了別人的信任和尊敬，使我們能夠與他人和睦相處。我們對別人釋懷，即是對自己釋懷。

二、時時忍一句，口中多說好。能忍一時之氣，就不會產生紛爭；不吝惜讚美，就能與人結緣，在人際關係中順暢無阻。

三、步步饒一步，不爭強與弱。我們每天穿梭於茫茫人海中，一個小小的過失，一個淡淡的微笑，一句輕輕的歉意，帶來的是包涵和諒解。多少煩惱，一笑而過，生活因此而變得輕鬆、快樂。

寬容不僅是一種雅量和胸懷，更是一種人生的境界，豁達博大的胸懷，不計較小節的瀟灑，歡喜了別人，也放過了自己。

第五章

養心

接受遺憾，在寂寞中開出美麗的花朵

懂了遺憾，就懂了人生。
在經歷以後，我們才會學到很多，明白了許多，也成熟了許多。
人生之路，有枝繁葉茂的樹、鮮豔奪目的花朵、
也有阻擋去路的高山和荒涼的沙漠；
生活不僅有燦爛笑顏，
還會有無言的淚水和無法輕鬆跨越的溝渠。

人生有遺憾才真實

人生在世，沒有誰的生活是一帆風順的，每個人都會遇到或大或小的挫折和遺憾。人生不要太圓滿，應該有個缺口讓福氣流向別人。

有一篇文章叫〈懂了遺憾，就懂了人生〉，寫得真實而又透澈。

許多事情總是想像比現實美，相逢如是，離別亦如是。當現實的情形不按照理想的情形發展，事實出現與心願不統一時，遺憾便產生了。遺憾可以彰顯出悲壯之情，而悲壯又給後人留下一種永恆的力量，也許生活帶走了太多東西，卻留下片片真情。有過遺憾的人，必定是感覺到深切痛苦的人，這樣的人也必定真實地活過，付出過最真的心，用自己的行動演繹過至真至純的情感，令人心動和感慨。

不必再去說割捨不下什麼，因為已經沒有選擇的餘地了。美好的東西總是太多，我們不可能全部得到，但對於已經不屬於自己的東西，則不必再奢望什麼。其實有許多感情從開始到結束，不管結果如何，只要有過這種讓自己心靈為之震動的感覺就好，畢竟曾經交換過彼此的快樂和寂寞。所以不要再難過，人總得面對醒來的一切。人世本無常，歲月流逝如夢一場，曾經的夢想和誓言如落葉般隨風飄蕩到不知名的地方，但我始終相信當初說它的時候是發自內心的。

在每個人的工作、生活、學習中都會有或多或少的遺憾，我想沒有幾個人會喜歡它，但是它確確實實又是生命中的收穫。它可以是美好的回憶，也可以是痛苦的煎熬，帶給人的是對生命更多、更深刻的感悟。沒有經歷過遺憾的人生是不完整的，遺憾是一種感人的美，一種破碎的美。因為有它，人世間一切的真、善、美才更值得稱頌；因為有它，生命將更值得去回味。

懂了遺憾，就懂了人生。在經歷以後，我們才會學到很多，明白了許多，也成熟了許多。人生之路，有枝繁葉茂的樹、鮮豔奪目的花朵、蝶飛蜂舞的美好景色；也有阻擋去路的高山和荒涼的沙漠；人生之路，總有陽光照耀下繽紛的色彩，也會有陰天時的重重迷霧。生活不僅有燦爛的笑顏，還會有無言的淚水和無法輕鬆跨越的溝渠。

有些事情一旦錯過了，就真的錯過了，成了不可彌補的遺憾。而生命如果沒有遺憾，沒有波瀾，就不會豐富多彩，也不值得回味。有遺憾的人生才是真實的人生，有遺憾的人生才能描繪出完美的人生藍圖。

人生如棋，落子不悔！人生的遺憾總是在所難免的，遺憾並不是敬而遠之的東西，有遺憾才是一種完整。

完美不是心中虛幻的寶塔

人們總是對人生抱有一種力求完美的心態，凡事都要求完美。其實，我們大可卸下「完美」的枷鎖，坦然地接受不完美。人生有不足才是一種圓滿，因為不完美讓人們有期盼、有希望。

在《百喻經》中，有這樣一則可笑卻發人深省的故事。

有一位先生娶了一個體態婀娜、面貌娟秀的太太，兩人恩恩愛愛，是人人稱羨的神仙美眷。這個太太眉清目秀，性情溫和，美中不足的是長了個酒糟鼻子，好像失職的藝術家，對於一件原本稱傲於世間的藝術精品，少雕刻了幾刀，顯得非常突兀怪異。這位丈夫對於太太的鼻子終日耿耿於懷。

一日他外出經商，行經販賣奴隸的市場，寬闊的廣場上，四周人聲沸騰，爭相吆喝出價，搶購奴隸。廣場中央站了一個身材單薄、瘦小清瘦的女孩子，正以一雙汪汪的淚眼，怯生生地環顧著這群如狼似虎，決定她一生命運的大男人。這位丈夫仔細端詳女孩子的容貌，突然間，他被深深地吸引住了。好極了！這個女孩子的臉上長著一個端端正正的鼻子，他決定不計一切買下她！

這位丈夫以高價買下了長著端正鼻子的女孩子，興高采烈地帶著女孩子日夜兼程趕回家，想給心愛的妻子一個驚喜。到了家中，把女孩子安頓好之後，他用刀子割下女孩子漂亮的鼻子，拿著血淋淋而溫熱的鼻子，大聲疾呼：

「太太！快出來喲！看我給你買回來的最寶貴的禮物！」

「什麼樣貴重的禮物，讓你如此大呼小叫？」太太狐疑不解地應聲走出來。

「喏！你看！我為你買了個端正美麗的鼻子，你戴上看看。」

丈夫說完，突然抽出懷中鋒銳的利刃，一刀朝太太的酒糟鼻子割去。霎時太太的鼻樑血流如注，酒糟鼻子掉落在地上，丈夫趕忙用雙手把端正的鼻子嵌貼在傷口處。但是無論丈夫如何努力，那個漂亮的鼻子始終無法粘在妻子的鼻樑上。

生活中，人們追求完美的心理，與故事中手拿利刃的丈大一樣。有時，人們苦心追求的完美根本不存在，如海市蜃樓，只是一個幻影。

人生確實有許多不完美之處，每個人都會有這樣那樣的缺憾，真正完美的人是不存在的。道理雖然淺顯，可當我們真正面對自己的缺陷和生活的不盡如人意之處時，卻又總感到懊惱、煩躁。所以，勇敢地面對生活中的不如意和生活中的遺憾，接受人生的不完美，是一件很難的事。完美是心中的一座寶塔，你可以在心中嚮往它、塑造它、讚美它，但不可把它當作現實存在的東西，否則你將陷入無法自拔的矛盾之中。

不必事事、時時追求完美，十全九美的人生能為生活留下更多的希望。

有缺憾的人生，依然美麗

佛學裡把這個世界叫作「婆娑世界」，翻譯過來便是能容納許多缺陷的世界。這個世界本來就是有缺憾的，如果沒有缺憾，就不能稱其為人世間。

清朝李密庵主張「半」的人生哲學，日本有一派禪宗書道在揮毫潑墨時總留下幾處敗筆，這都是在暗示世間沒有圓滿完美。更有日本東照宮的設計者因為自覺設計太完美，恐怕會遭天譴，而故意把其中一根樑柱的雕花顛倒。

日劇《美麗人生》講述的是平凡的杏子和佟二之間淒美的愛情故事，女主角杏子的身體雖然有缺陷，卻仍然勇於追求愛情。

佟二是一個很有才華的美髮師，他在圖書館偶遇腳有殘疾的圖書管理員杏子。他邀請美麗的杏子為他的髮型設計做模特，在兩個人誤會的產生和消除之間，他們相戀了。面對家人和朋友的不理解，面對種種困難的來襲，他們都守候著彼此。公路上的相識、圖書館的借書、紅色的高跟鞋、好吃的拉麵、遊樂場的圈套、咖啡店的嘔氣、海邊的髮型屋……

佟二：「這個世界好美喔。從這個一百公分的高度來看，這個世界好美。認識你之後的這幾個月，我的人生就像是有星塵飛舞般閃耀。」

杏子：「在醫院這個失眠的夜裡，我寫下這些，希望與你在一起時的種種能夠讓我戰勝現在的痛苦。我的人生是屬於我自己的，這件事是你教會我的，這個美麗的人生。」

「杏子的開朗，甚至讓我遺忘了她身體的殘缺。」觀眾說。

「這個笑著面對死亡的女孩，好美，美得讓我嫉妒。」觀眾說。

當佟二遇見身體有缺陷的杏子之後，他的人生發生了巨大的變化，是杏子教會了他如何坦然面對生活，勇往直前地追尋自己的理想。雖然，最後杏子被病魔奪去了生命，但他們的愛情，依然那麼美麗。

人生沒有絕對完美，只有無限趨近於完美。有缺憾的人生，依然美麗。

孤獨是生命圓滿的開始

孤獨是人類的本質。早在兩千多年前柏拉圖就寫下了一則寓言：「每一個人都是被劈開成兩半的不完整的個體，終其一生都在尋找另一半，卻不一定能找到，因為被劈開的人太多了。有時候你以為找到了，有時候你以為永遠找不到。」

所以，生命是一個不斷接受孤獨淨化的過程。

二十世紀印度著名的哲學家克里希那穆提說：「孤獨是一種完全與外界切斷，沒有明顯理由而突然非常害怕的感覺。如果你的心中感覺什麼都無法依賴，又沒有任何一種方法能解除你這種自我封閉式的空虛，你就明白什麼叫恐懼了，這就是孤獨。」

孤獨並非是在自己心情壓抑，或是失戀的時候出現的，那種感覺只是空虛和寂寞，稱不上是孤獨。孤獨是一種狀態，是一種圓融的狀態，真正的孤獨是高貴的。當一個人孤獨的時候，他的思想是自由的，他面對的是真正的自己。孤獨者不管自己處於什麼樣的環境都能讓自己平靜，並自得其樂。

孤獨可以提高一個人生活的品質，是人生必需的營養素，充實的人生往往都是在孤獨中熬出來的。忍受孤獨是一種能力，並非任何人任何時候都可具備的。人在孤獨中有三種狀態：一是惶惶不安、毫無頭緒、一心想逃出來；二是漸漸習慣孤獨、安下心來、建立起生活的秩序，用工作、讀書或培養自己的興趣來驅除孤獨；三是喜歡時常來襲的孤獨感，讓孤獨成為內心一片詩意的土壤，並誘發出關於生命、自我的深度思考和體驗。

有人說：「我只是一個平凡人，忍受不了孤獨的煎熬。享受孤獨，那是哲學家們做的事。」可是，為什麼你會沒有理由地突然覺得非常害怕，會感覺到一陣莫名的空虛？你該怎麼辦？是任憑孤獨的滋味噬咬著你的心靈，還是選擇承認它、面對它？蔣勳在談論孤獨的時候曾說：「當你被孤獨感驅使著去尋找遠離孤獨的方法時，會處於一種非常可怕的狀態。因為無法和自己相處的人，也很難和別人相處，無法和別人相處會讓你有巨大的虛無感，會讓你告訴自己：「我是孤獨的，我是孤獨的，我必須打破這種孤獨。」但是你忘記了，想要快速打破孤獨的動作，正是造成巨大孤獨感的原因。

當孤獨的痛苦籠罩你的時候，你應面對它、承認它，不要產生任何想逃走的意念。如果成功逃走了，你永遠也不會瞭解它，而它則會躲在一角伺機而動。反之，如果能瞭解孤獨並且超越它，你就會發現根本不需要逃避孤獨，於是也就不再有那種追求滿足和娛樂的衝動了。因為你的心已經認識了一種不會腐敗，也無法毀滅的圓滿。

孤獨感從來都不是一件壞事，人只有在孤獨中，才能知曉人生的底蘊。

生命要耐得住寂寞

孤獨是一種狀態，寂寞是一種心境，寂寞可以決定人的命運。一個人忍受不了寂寞，就會想方設法尋求消遣，於是找朋友、逛街、打牌、看電視，就成了人們逃避寂寞的最好方法。寂寞本沒有過錯，只有害怕它的人才會覺得難以忍受。

寂寞如一面鏡子，人們通過它可以照見自己、發現自己。人們可以在寂寞的圍護中和另一個『自己』對話，那是真正的獨白。

季羨林先生曾寫過一篇散文「馬纓花」，描繪了自己對寂寞的體味：「曾經有很長的一段時間，我孤零零一個人住在一個很深的大院子裡。從外面走進去，越走越靜，自己的腳步聲越聽越清楚，彷彿從鬧市走向深山。等到腳步聲成為空谷足音的時候，我住的地方就到了。」

二十世紀三〇年代，季先生獨自一人前往德國求學，對故鄉及親人的思念只能深埋心中。但在德國的十餘年間，他沒有被寂寞打垮，從最開始的人生地疏，到後來的慢慢適應，潛心求學，屢遇良師，學識大有長進，人生閱歷也有所增多，只是身邊少了親人的陪伴。即使回國之後，由於工作原因，季先生多半也是過著獨身生活，直到一九六二年，妻子彭德華從濟南搬到北京來，季先生數十年的單身生活才算結束，他說：「總算是有了一個家。」

季先生從來沒有把寂寞當作問題，而是在與寂寞相處的同時，豐富自己的內心。現在許多人抱怨生活的壓力太大，內心感到煩躁、不得清閒，於是，追求清靜成了他們的夢想，但他們又害怕寂寞，想盡辦法逃離。

大學剛畢業的小張是從農村出來的，開始工作時拿到的薪水還算不錯。但是，每月將生活必需費用扣除之後，幾乎所剩無幾。於是他萌生了跳槽的念頭，開始四處搜集招聘資訊，希望能夠跳到一家薪水更高的公司。有了這個念頭，就很難專心工作。不久，他的上司就覺察到他的問題，找他談話，不料剛批評幾句，小張反而質問上司：「你給我這麼點薪水，還希望我能做出什麼高水準的方案來！」上司這才意識到，原來，小張的情緒源自薪水低。他並沒有生氣，反而平靜地告訴小張：「公司裡的薪水並不是一成不變的，只要你做出了業績，薪水自然會上去的。真正決定你薪水的不是公司也不是老闆，而是你自己。」但是，小張根本聽不進去，一怒之下，工作不到半年的他毅然決定辭職不做。

辭職後，他開始專心找薪水高的工作，很快又應聘到另外一家公司，這家公司的薪水比之前的公司高出了一千元，這讓他慶幸自己的跳槽非常明智。不久，小張偶然從同事那裡瞭解到，同行業裡的另一家公司薪水普遍要比現在的公司高。這使小張本來平靜的心又再一次波動起來，他又開始關注另外一家公司的消息。本來他所在的公司打算委任一項重要的項目給他，但是，小張根本無心繼續待下去，拒絕了這個在別人看來千載難逢的好機會。於是，小張在公司老闆的心裡留下了不思進取的印象。金融危機襲來的時候，公司裁員，小張不幸被裁掉。當他再去找工作的時候，幾乎所有的公司都會問他同一個問題：「為什麼你在不到一年的時間裡就換了三份工作？」

生活的壓力和想儘早出人頭地的念頭，讓小張變得浮躁，耐不住低薪的寂寞。如果能暫時放下心中的惦念，真心體味，其實寂寞並不可怕，工作上的寂寞至少能讓我們意識到自我的存在，明白什麼是自己真正想要的。

耐得住寂寞是一種難得的品質，它不是與生俱來的，而是需要長期的艱苦磨練和自我完善。耐得住寂寞是一種有價值、有意義的積累，耐不住寂寞則是對寶貴人生的揮霍。在耐得住寂寞的時間裡成就非凡的人生。

與自己對話，讓外在的東西慢慢沉澱

當今社會，浮躁之風盛行，在人們急功近利地追求財富的時候，往往忽視了傾聽自己內心的聲音。

求學的時候，我們盲目地選擇了別人認為最有潛力的專業；求職的時候，我們故意不去關注內心喜歡什麼，而選擇那些大眾看好的熱門職業；甚至在結婚的時候，以經濟、地位的好壞來選擇結婚的對象。

許多人的耳朵裡總是塞著耳機，把音量調到聽不到外界的聲音，好像很害怕被外界的事物打擾，想極力維持著自己內心的安靜。但奇怪的是，他們一回到家就打開電視、打開電腦，卻不看也不聽，只是喜歡有個聲音在身邊。

或許我們需要自我檢視一下，在沒有聲音的狀態下，我們可以安靜多久，在沒有電話、電視、電腦的環境中，可以怡然自得多久。

「你有沒有試過安靜地坐著，注意力不集中在任何事物上，也不費力去集中注意力，只是讓你的心非常安靜，非常安靜？這時候，你會聽見所有的聲音，不是嗎？你聽見遠處的、近處的以及極近的聲音，也就是說，你聽見了所有聲音。你的心不限制於窄小的頻道裡，如果你能依照這個方式放鬆地傾聽，而沒有任何壓力，你就會發現一種驚人的變化在心底出現。這種變化不需要你的意志力，不需要你去強求，在這種變化中存在著極大的美及深刻的洞察力。」這是克里希那穆提在他的著作《人生中不可不想的事》中對世人所說的話。

給自己一點獨處與靜思的時間，與自己的心靈對話，這有助於我們追求內在的平靜。留給自己的空間並不需要太大，獨處並不需要太多的時間，只有當你把心中積累的所有固執想法全部消除，擺脫所有的壞習慣，心才不至於被原有的思想所禁錮。

伊斯華倫在他的書《征服心靈》中說：「在深沉的冥想中，我們的心靈是靜止、寧靜而澄靜的。這是我們童稚時期的太真狀態，借此我們才知道自己是誰，以及生命的目的是什麼。」

為自己留下一個冥想的空間，與心靈進行一次長談。

第六章

隨心

空悟超脫，看破生死始成佛

喜歡月圓的明亮，也要接受它的黑暗與不圓滿；
喜歡水果的甘甜，就要容許它有苦澀成長的過程，
人生總是「一半一半」的，
在人生的樂、成、得、生中，包容不完美，
才能獲得真正完整的幸福。

生命恍若不繫舟

生命本如不繫之舟，真正幸福的人生，難以圓滿。有苦有樂的人生是充實的，有成有敗的人生是合理的，有得有失的人生是公平的，有生有死的人生是自然的。

喜歡月圓的明亮，也要接受它的黑暗與不圓滿；喜歡水果的甘甜，就要容許它有苦澀成長的過程，人生總是「一半一半」的，在人生的樂、成、得、生中，包容不完美，才能獲得真正完整的幸福。

星雲大師不斷地給世人以警醒：有的人因小小的缺陷而全盤否定人生的意義，有的人因為小小的遺憾而將手中的幸福全部放棄，這樣追求完美，有時反而因噎廢食，流於吹毛求疵，不管於自己還是於他人，都是一種不必要的辛苦。真正幸福的人生，本來就有缺陷，在追求完美人生的同時，要能夠認清人生實相。

一隻飄搖的生命之舟，從時空的長河中緩緩駛來。

舟中有一個剛剛誕生的生命，他不會說、不會笑、不會跳、不會鬧，也不會思考，他只是沉睡著，遠處傳來一個聲音：「你從何處來？到何處去？」剛誕生的小生命重複道：「我從何處來？到何處去？」

生命之舟在時空的長河中默默前行。忽然，又傳來一個聲音：「等一等！我們想與你一同旅行，請載我們同去！」往聲音傳來的方向看去，只見痛苦與歡樂、愛與恨、善與惡、得與失、成功與失敗、聰明與愚鈍，手拉著手游向生命之舟。

痛苦從左邊上了船，歡樂從右邊上了船；愛從左邊上了船，恨從右邊上了船。待這些人生的伴侶進入船艙後，這隻飄搖的生命之舟頓時沉了許多，艙中的氣氛活躍了，哭聲和笑聲接連從舟中傳出來。

忽然，又一個喊聲傳來：「等一等，等一等，還有我們。」眾人尋聲望去，只見清醒與糊塗、路人與朋友雙雙攜手遊來。清醒從左邊上了船，糊塗卻遲遲不肯上去。路人從左邊上了船，朋友也遲遲不肯上去。

「喂！怎麼回事？朋友！糊塗！你們快上來呀！」一個聲音招呼著他們。「不！除非糊塗先上去，我才會上去！否則，生命是容不下我的！」朋友說。「不！我也不想上去，我知道我是不受歡迎的！」糊塗說。「請上船吧，糊塗！你知道你在我的一生中多麼重要嗎？我要得到朋友，首先要得到你，我要成就一番事業，沒有你是萬萬不行的。」船中的生命呼喚著。

於是，糊塗猶猶豫豫地上了船，朋友緊跟著也上去了。飄搖的生命之舟，在時空長河中滿載著這些東西前行。

這時，後面又傳來了呼喚聲：「等一等我，別忘了我！我一直在追隨著你哪！」這是死亡的呼喊。

在死亡的追趕下，生命之舟一路向前。顯然它不肯為死亡停駐，不知是裝作沒有聽見死亡的呼喊，還是不願聽見死亡的聲音。但無論如何，死亡依然緊緊地跟在它的後面，寸步不離。

這隻飄搖的生命之舟，滿載著痛苦與歡樂、愛與恨、善與惡、得與失、成功與失敗、聰明與愚鈍，在人生的得意與失意間破浪前行。

人生實相，就如這隻飄搖的生命之舟，無所牽繫，卻能承載各種人生。

憑山臨海不繫舟，山水繫不住生命之舟，個人的心願、意志也繫不住，它有著自我的軌跡，我們只能將其圓滿，卻不能徹底改變。若想在這茫茫旅途中獲得真實的幸福，唯有認清並接受生命中必然存在的缺陷。

空悟禪音紅塵聽

春暖花開，冰消雪融，普潤大地，自然就像聖人的胸襟氣度般瀟灑與自得「曠兮其若谷」，比喻的是思想的豁達、空靈。一個修道有成的人，就得有這樣清明空靈的腦子，如同空洞的山谷，回音縈繞。只有心境永遠保持在空靈之中，才是真正的七竅玲瓏。

常人因佛經中說「五蘊皆空」「無常苦空」等，總懷疑佛法只是一味說空，什麼都無所著，才能徹悟。禪宗也不斷強調，空才能悟，空是對一切事物不起念頭，是不著外相的。但是，這種空的境界不是普通人能達到的，所以離世人很遠。

大乘佛法涉及的不只是空，而是談及空與不空兩方面。

那麼，究竟什麼是大乘佛法裡的空和不空呢？正如佛經《波羅蜜多心經》中談到的「空」，具有極其深刻的意義：一方面，「空」是指萬事萬物隨時處在永恆的變化之中，因此要求我們達到一種「無我」的境界；而另一方面，「空」也是「不空」，因為佛法講究普度眾生，因此它是一份救世的事業。這裡的意思是，空是無我，不空是為救世的事業。雖知無我，而能努力做救世之事業，那麼空也是不空；雖努力做救世之事業，而絕不執著於「我」，不執著於自己的所得，那麼不空也是空了。

換句話說，大乘佛法裡的「空」和禪宗裡的「空」之意義都不是那麼單純，也不是消極的意思，反而是入世的一種修行，它有兩種內涵——「什麼都是我的」的胸懷和「什麼都不是我的」的器量，以這種無上的智慧，指導我們以無我的精神去從事世間的種種事業。

更進一步，佛法中的「空」和「無我」的概念是相通的。什麼是「無我」？「無我」就是「不是我，或者沒有我」的意思，即譯作非我或無我。「無我」，不是說不存在我，而是不要迷戀非我的東西——「我執」。

所謂「有情」，從身體的組織來說，是由地、水、火、風、空、識六字（六種元素）構成，其中任何要素又是剎那依緣而生滅著的，所以找不到一個固定的獨立的「有情」支配身心，也就找不到「我」的存在。這是佛教關於「無我」的一個解釋。

我們常常陷入煩惱之中，是因為我們不能理解「無我」，總是在追求為「我」或為「我所有」。但佛是一位充滿了慈悲、智慧的覺者，是一個無我和清靜無為的人。「無我」，就是斷除塵世間的一切煩惱，捨棄一切不該追逐的東西。「無我法」，即無畏、犧牲、奉獻，因為「無我」，因此在奉獻的時候，就會感到自然愉快，不再糾結得失，身心安樂。

不少佛學大家都身體力行「空」與「無我」的大慈悲智慧，以出世的心做入世的偉大事業。

禪宗大師一行禪師畢生都在宣揚「非暴力」的和平理念，以推廣正念、佈施四方來幫助世界各地的難民和兒童。

中國臺灣的慈濟會法師證嚴法師因看到一難產的山地婦人因交不起保證金而

被醫院拒於門外，遂發下宏願，要建造一所專門給窮人看病的醫院。後來她不僅在花蓮建成了第一所慈濟醫院，還把慈濟志業擴展到全球。

著名的佛學大師星雲法師自一九七〇年起，相繼成立育幼院、佛光精舍、慈悲基金會，設立雲水醫院、佛光診所，並與福慧基金會於中國內地設立佛光中、小學和佛光醫院數十所，育幼養老，扶弱濟貧。

由此可見，佛法並不離於世間，出世也能入世。再看佛教的本旨，只是要洞悉宇宙的本來面目，教人求真求智，以斷除生命中的愚癡與煩惱。

所以，佛法中的「空」與「無我」，又怎麼是消極避世，讓人一味地出離呢？以出世的方法行入世的事業，這種智慧正是佛法偉大之所在。

風過疏竹，來去自如

達摩祖師傳授衣缽之前，想聽弟子們修禪所得，於是叫來所有弟子問道：「這些年來你們從我這裡學去了什麼？」

弟子道育說：「依我所見，就是不迷信於佛經上所說的修持之法，但又不完全脫離經書，就能做到『藉教悟宗』。」

達摩祖師說：「你只得了我的表面功夫。」

弟子尼總持說：「翻遍了佛經，諸法都是虛幻，沒有什麼可以憑依的，一味注重經書所說的東西，就會被俗物牽絆，犯了我執，所以一切都不章，這樣就能斷去煩惱，即得菩提。」

達摩祖師點頭說：「你從我這裡的確學到了東西。」

弟子道育又說：「四大皆空，五蘊非有，身心皆是虛妄，世上無一法。意思就是說，佛法是空，身心是空，一切都是空，不著五色十相，不拘泥於世間一切經法。」

達摩祖師點頭道：「你學到了禪宗的精髓。」隨即，他轉向了弟子慧可。然而，弟子慧可什麼也沒有說，只是做個禮拜，靜立在一旁默默不語。

達摩祖師暗暗點頭，對慧可說：「昔日如來以正法眼選中伽葉繼承衣缽，今日我選你繼承衣缽。眾弟子應當各自反省，就可知道我為什麼選擇慧可了。」

尼總持悟出空幻，道育得出空無，相比較而言，道育還點出了禪宗的修持宗旨，但是，他們都是用語言說出來的禪悟，還是被世間的色相所著，只有慧可默默無言，真正體現了禪悟的最高境界——一切色相皆是空，無聲無言。這才是最高的禪悟，看似默默無語，卻如雷轟頂，一語驚醒了夢中人。就好比風從竹林中穿行，風過之時，竹葉隨風而舞，自然簌簌有聲；雁從清潭上飛過，雁過之時，清澈潭水中必倒映雁群身影，但風落、雁過之後，一切皆無。

由禪悟回歸到人生，看世上，無論喜怒哀樂、悲歡離合，在長長短短的因緣際會之後，塵埃落定，不也是一切皆空嗎?諸法都是空相，飄然而過不著痕跡。悟到了這一境界，自然無牽無掛，滿心歡喜，得到禪道和生命的正解。

得悟世間色相空無的道理，將不會被任何事左右，來去自如，神清氣爽，何愁不從容。

一切皆空實為樣樣都有

佛陀在靈山會上，出示手中的一顆隨色摩尼珠，問四方天王：「你們說說看，這顆摩尼珠是什麼顏色？」

四方天王看後，各說是青、黃、紅、白等不同的色澤。

佛陀將摩尼珠收回，張開空空的手掌，又問：「那我現在手中的這顆摩尼珠又是什麼顏色？」

四方天王異口同聲地說：「世尊，您現在手中一無所有，哪有什麼摩尼珠呢？」

於是佛陀說：「我拿世俗的珠子給你們看，你們都會分辨它的顏色，但真正的寶珠在你們面前，你們卻視而不見，這是多麼顛倒啊！」

佛陀的手中雖然空無一物，但就像蘇東坡的詩句所說：「無一物中無盡藏，有花有月有樓臺。」正因為「空無」，所以具有無限的可能性。佛陀感歎世人「顛倒」，因為世人只執著於「有」，而不知道「空」的無窮妙用。世人總是被外在的、有形的東西所迷惑，而看不見內在的、無形的本性和生活，其實那才是最寶貴的明珠。

即使是對佛教不熟悉的人也都知道有句話叫一切皆空，空這個字在佛教經典中出現的頻率非常高。佛法中的空指無我，即「不是我，或者沒有我的意思，即是說佛法的空，是性空而非相空，是理空而非事空。」

我們生活在這個世界上，每天面對著無數的人和事，與花鳥蟲魚共存，安享天地自然的造化，這一切都不是一成不變、實在的東西，皆是依因緣的關係才有的。因為是從因緣而產生，依因緣的轉化而轉化，沒有實體，所以才稱之為空。這就好比臨水看花，水中為什麼會有曼妙的花影?有水、有花、有陽光，花的影子才能投映到水中。花影是在種種條件下產生的，不是一件實在的物體，雖然不是實體，但我們看到的美麗形象，卻是清清楚楚，並非沒有。所以佛說一切皆空，同時又說一切因緣皆有，不但要體悟一切皆空，還要知道有因有果。

我們在書本當中或是影視作品當中，經常會看到一些人因為受到情感的傷害、事業的挫敗等看破紅塵，遁入空門。空門在人們眼中有時候被當作一種逃避現實的方式。對於空，有些人可能誤會了，以為這樣也空，那樣也空，什麼都空，什麼都沒有，於是壞事不幹，好事也不做，糊糊塗塗地看破一點，生活下去就好了。其實佛法之中空的意義，有著最高深的哲理。大千世界，百態叢生，人生、善惡、苦樂等都是客觀存在的。佛法之中說，有邪有正有善，有惡有因有果，要棄邪歸正，離惡向善。如果說什麼都沒有，那何必學習佛法呢？佛法之所以存在，就是為了指點人們看透這因果，走出這困厄。

一切皆空，實為樣樣都有！若僅被一空字限制了自心，實在是太過遺憾了！

縱身大化，不喜不懼

人終歸要走向死亡，人死如燈滅，該熄滅的時候自然會熄滅。但燈滅了，並非什麼都沒有了。曾經的光還在你心中閃爍，燈的意義在於燃燒的過程。佛陀是怎樣解釋佛死後去的地方的呢？

人們總是問佛陀：佛死後到什麼地方去呢？

佛陀總是微笑著，保持沉默，什麼話也不說。

但是這個問題一次又一次地被提出來，為了滿足人們的好奇心，佛陀對他的弟子說：拿一支小蠟燭來，我會讓你們知道佛死後到什麼地方去。

弟子急忙拿來了蠟燭，佛陀說：把蠟燭點亮，然後拿過來靠近我，讓我看看蠟燭的光。

弟子把蠟燭拿到佛陀面前，用手遮掩著，生怕風把蠟燭吹滅了。

但是，佛陀訓斥他的弟子說：「為什麼要遮掩呢？該滅的自然會滅，遮掩是沒有用的。就像死，同樣也是不可避免的。」

隨後佛陀吹滅了蠟燭，說：「有誰知道蠟燭的光到什麼地方去了？它的火焰到什麼地方去了？」弟子們你看我，我看你，誰也說不上來。

佛陀接著說：「佛死就如蠟燭熄滅一樣，蠟燭的光到什麼地方去了，佛死後就到什麼地方去了。和火焰熄滅是一樣的道理，佛死了，他就消失了。他是整體的一部分，他和整體共存亡。火焰是個體，個體存在於整體之中，火焰熄滅，個體就消失了，但整體依然存在。不要關心佛死後去了哪裡，他去了哪裡不重要，重要的是如何成佛。等到你們頓悟的時候，你們就不會再問這樣的問題了。」

不要過於關心與自己無關的事情，那只是在做無用功。死亡該來時自然會來，死亡之後去了哪裡不是我們的頭腦能確知的。生生死死，由它去吧，因為人在生死之中。其中奧祕不管知不知道，你也只能順應自然。

既然人生的意義在活著時彰顯，那麼安心地活在天地之間，等待死亡那一刻的昇華吧。不要總執著於死後如何升天，往哪裡去，那些都是虛無縹緲、無蹤可覓的烏有，最好趁生命還在之時，呼吸之間多為他人也多為自己做點力所能及的事情吧。

活著的時候盡自己的能力追求事業，不辭辛勞，達到心靈的超越，付出最大努力，追尋人生的意義。

細細想來，我們每夜不都是在死亡的狀態中嗎？睡眠是一種假死狀態，只不過確知第二天早晨會醒過來，方能安心入睡罷了。誰都無法保證明天一定還會活著，所以，不妨將今天視為生命的最後一天，竭盡全力去努力吧。

第七章

隨性

回歸本性，做真正的自己

人活在世上，應當眼界開闊，
看透人生諸多名利與榮辱背後的真相。
眼界狹小的人，只看得見眼前的得失，
為每一次得失大喜大悲，你爭我奪，
看不清前途所在，看不清禍福，看不清生死，
對於生活的意義、生命的價值一無所知，
懂得放開眼界的人，不會被一時的憂樂所惑，
從而能駕馭生活，而不是被生活所困。

人生隨時要保持單純的本性

《大寶積經》裡有一句話：「一切諸法本性皆空，一切諸法自性無性。若空無性，彼則一相，所謂無相。」《金剛經》也說：「若見諸相非相，即見如來。」所謂相，是指因緣和合所生之法。

我們看自己往往都有一個我相，看別人有一個人相、眾生相，看萬物也都有其相。事實上，這些相都不過是表相而已，只是暫時存在，隨時都可能變化或消失。

佛教中有一個無相門，進入此門者，便沒有相貌美醜、地位差異之分，佛祖面前，眾生一律平等，這種平等就是無相的平等。人的生命，最初都不過是一團相同的泥巴，只是被塑造成了不同的表相。要看破這層表相，就要擺脫一切外在的影響，不執著、不迷失。可是，在現實生活中，我們太容易以表相識人，看見達官貴人，就只看到一個達官貴人的皮相；看見落魄書生，就只看到一個落魄書生的皮相。

從前有一座山廟，裡面住著一位老和尚和一個小和尚。

有一次，山上來了一位達官貴人，捐了許多香火錢，老和尚熱情地接待了他。

後來，山上又來了一個書生，衣衫襤褸，餓得面黃肌瘦。老和尚立刻叫小和尚將他扶進廟裡，盡心招待。

小和尚心裡不解，於是問師父：「為廟中捐了錢的達官貴人當然有資格受到禮遇，師父為何如此厚待一個窮書生？」

老和尚沒有直接回答小和尚的疑問，而是用泥巴塑了一尊菩薩，告訴小和尚這是用千金請來的菩薩，於是小徒弟每天認真地上香念經。

不久，老和尚將泥菩薩雕刻成一隻猴子，放在原處。小和尚發覺後，嚇了一跳，便再也不肯去上香了。老和尚問起這件事，小和尚便答：「師父，那尊菩薩變成一隻猴子了！」

老和尚於是拿起那隻猴子，細細雕琢，轉眼間猴子又變成了一尊菩薩，小和尚看著那尊菩薩，終於有所悟。

一個是為寺廟捐了很多錢的達官貴人，一個是窮書生，小和尚只看見了他們的身份，也就是他們的表相，便對二人區別對待。我們往往執著於所認識到的那個相，從而漸漸迷失了自己。自卑於自己相貌的人，可能會鬱鬱終日；做老闆的人在企業裡強勢，回到家也離不開老闆這個相，對待親人也過於強勢，家庭關係自然疏離；做官的人，到哪兒都離不開官相，做人總是頤指氣使，必定使人生厭。

其實，不論處於什麼樣的地位，相都只是我們所扮演的一個角色，並不是我們自己。對角色太投入，就會迷失自我，就會無法自拔，進而生出種種煩惱，痛苦不堪。放下一切眾生相，才能看到真正的本相，也就是原本的自我。

無相，才能無癡。看己看人都要做到不被表相影響，做人處世才會不拘泥、不執著。禪宗說「不思善，不思惡」，是要求人的思想觀念時時保持純淨無雜，心地胸襟也要時時懷抱原始天然的樸素，不被各種各樣的外相所蒙蔽，以此態度來待人接物、處理事務。如果個人擁有這種修養，就不會被煩惱纏身而痛苦不堪；如果人人持有這種生活態度，天下白然太平和諧。

其實，人生下來都很樸素、很自然，而後天的教育、環境的影響，種種原因，把原本自然的人性雕琢了，刻上了多餘的花紋雕飾，反而掩蓋了原本的樸實。玉不琢，不成器，但不要以為這些花紋和雕飾就是真正的自己，要看透雕飾下面的自我，保持最單純的本性。

想得少點，活得簡單

一個人若追求複雜而奢侈的生活，則不僅貪欲無度，煩惱纏身，而且日夜不寧，心無快樂。複雜往往會浪費生命中寶貴的時間，奢侈則極有可能斷送美好的人生。

人的一生中，會有很多追求、很多憧憬。有人追求真理、追求理想的生活、追求刻骨銘心的愛情；也有人追求金錢，追求名譽和地位。有追求就會有收穫，我們會在不知不覺中擁有很多，有些是必需的，而有些卻是完全用不著的。那些用不著的東西，除了滿足虛榮心外，就只是一種負擔。

我們已經擁有很多，卻仍舊不滿足，貪戀名利，貪戀這個世界上的一切繁華。我們總以為人生在世，不盡可能多地得到，就無法實現自己的價值。

想過美滿幸福的生活，希望豐衣足食，這是人之常情，但是把這種欲望無限放大，變成不正當的欲求，變成無止境的貪婪，就會在無形中成為欲望的奴隸。其實，靜下心來想一想，

我們需要的是簡單的生活，因為簡單使人寧靜，寧靜使人快樂。尤其是在面臨人生重大的選擇時，更需要除去多餘的念想。

一個農民從洪水中救起了他的妻子，他的孩子卻被淹死了。事後，人們議論紛紛。有人說他做得對，因為孩子可以再生一個，妻子卻不能死而復活。有人說他做錯了，因為妻子可以另娶一個，孩子沒辦法死而復活。

這件事情傳到了當地的寺院裡。寺裡的一個小和尚聽了以後便去問農民為什麼沒選擇救孩子。農民告訴他，他救人時什麼也沒想。洪水襲來，妻子在他身邊，他抓起妻子就往山坡游。待返回時，孩子已被洪水沖走了。

簡單是一種睿智的生活方式，這個農民如果進行一番抉擇，事情的結果會是怎樣呢？洪水襲來，妻子和孩子都被捲進漩渦，片刻之間就會失去性命，這個

農民若還在山坡上進行抉擇，妻子重要，還是孩子重要，那麼，最終他誰也救不了。

在人一生中，許多時候並沒有機會和時間進行抉擇。抉擇很困難，但也很簡單，困難在於人們總是把抉擇當作抉擇，並為每一次抉擇附加太多的意義，患得患失；簡單在於別去考慮抉擇問題，而是遵循生命自然的方式，不要被多餘的考慮束縛身心。

世間的繁華是沒有盡頭的，一切繁華其實都是人內心製造的幻影，以為自己得到了它，實際上還離得很遠，我們只不過用自己的人生為繁華做了一個注腳。。擁有物質不一定就能得到幸福，這就好比帶著枕頭被子出門，不但沒有得到很好的休息，反而增加了負擔。擁有再多的物質也仍會有不滿足的時候，心靈則因為被物質擠壓，無處容身。

在有限的生命裡，捫心自問，我們是不是在擁有的同時失掉了簡單，失去了幸福？

除去心中累贅，回歸自然大性

人的本性是自然的，但在塵世中行走多年，有多少人能保持一顆純淨質樸的初心呢？

佛家之人，不喝酒、不吃肉、不近女色、不沉迷於俗世的紛紛擾擾，生活得清淨而灑脫。表面看來，他們的生活有些寡淡無味，但正是這清心寡欲的生活讓他們的內心回歸到淳樸自然的狀態，恢復了初來人世時的初心之境。

當人初臨人世的時候，都還是一個頭腦空空的嬰兒，只懂得餓了要吃，睏了要睡，既不懂得男女之間的色欲，也不懂得功成名就、家財萬貫的榮耀，僅僅以一顆純真的初心，好奇地觀望這個世界，享受這個世界帶給他們的每一絲歡樂。

然而，進入俗世久了，一顆初心便面目全非。比如，很多人剛進入社會時，都滿懷希望與抱負，遭受多次挫折，經歷艱難困苦之後，一顆原本純真的心就變了。原本爽直的人變得吞吞吐吐，心靈也變得歪曲，喪失了希望與抱負，最後變得畏縮不前。

究其原因，就是因為心中的累贅多了。常言道，初生牛犢不怕虎，那是因為牠不懂得虎的可怕，保持著一顆未被經驗污染的心。一旦牠切身體驗到了虎的可怕，便不再敢於向虎挑戰。面對老虎的恐懼，以及由此而來的死亡陰影，會一直佔據著它的心。

人生於世也是如此，品嘗過失敗，便會畏懼失敗；品嘗過痛苦，就會逃避痛苦；品嘗過財富和權勢的味道，便要死死抓住，不肯再放開手。久而久之，我們的心越來越沉重，各種累贅堆滿了心靈的每個角落。漸漸地，我們什麼都不敢再嘗試，什麼也不肯輕易丟棄，於是再也看不見身邊的風景，再也感受不到快樂和安寧。

除去心中的累贅，應時不時為心靈騰點空間，看見自身的美和世界的美。年齡的增長不是問題，一顆永保年輕純淨的心才是最重要的。

佛尚在世時，有一次，波斯匿王帶著群臣，騎著大象出外巡遊。途中，波斯匿王看見一個滿頭白髮的老人從遠處走來，便叫停了眾人，讓老人先慢慢走過去，別讓浩大的隊伍嚇著他。

老人本來想著在路邊等一等，讓隊伍先走，但是看到隊伍先行停下，也就放心大膽地往前走了。老人走過波斯匿王身邊時，波斯匿王微笑著問他：「您老年紀不小了吧？」

老人伸出了四個手指頭。

波斯匿王納悶了，這是什麼意思？難道才40歲嗎？可是頭髮鬍鬚都那樣白了。

老人望著波斯匿王，露出了天真的笑容，他說：「我今年四歲。」

「四歲？」波斯匿王詫異地問道。

「對！」老人十分堅定地說，「不是說我是倒著活的，而是我從四年前聞得佛法後才算真正開始活著。那之前，我是糊塗的、懵懂的，甚至虛偽的。如今，雖然我身已老，可是我拋開一切，盡自己的力量付出、佈施，不同人斤斤計較，不為外事掛心，反而身心輕安，越活越年輕。所以，我說，我的年齡才四歲。」

波斯匿王聽了老人的話，十分歡喜，說：「老人家，你雖然聞得佛法才四年，可是你的生命具有真正的價值，無爭才是最為逍遙的人生。」

這位老人是真正的智者，身雖老，但心不老。心之所以不老，是因為不為外事掛心，不為煩惱所役。

譬如一個人看到翠竹黃花，青青翠竹是那麼青翠有生氣，繁茂的黃花又是那樣鮮豔美麗，因此為它們的清淨不染、莊嚴自在生出了歡喜、讚歎和感恩之心，這樣的人，是用心靈生活的人。這樣的心靈，是清澈、沒有累贅的心靈；這樣的境界，是做人應當追求的境界。

生活在世事紛擾的世界裡，爾虞我詐讓我們多了一些虛偽，鉤心鬥角讓我們多了一些狡詐，世態炎涼讓我們多了一些冷漠，所以人常常顯得很蒼老，總是受外界環境和自己情緒變化的影響。不被年歲所束縛的人，能時時拋開既有的一切，時時回歸自己本性的自然，不執著，不虛妄，回歸自然天性，讓人生中的每一刻，都成為新的起點。

聰明累，過無心機的人生

《華嚴經》中有偈云：「諸法無自性，一切無能知；若能如是解，是則無所解。」意思是說，世間一切現象沒有固定不變的，也沒有永恆不變的真理。

人們正是因為很難認識到這一點，或者認識了也很難從心底接受，以致執著於自己的一腔信念，卻不知這種想法本身已經錯了。這種自以為是的聰明，常常會成為算不清的糊塗帳，倒不如去除雜質，於單純中得正道。

聰明是一種先天的東西，人們總是羨慕聰明人的智商，殊不知，這種表面的光芒不一定能令人成功，在現實中也確實存在眾多一事無成的聰明人。聰明這種天賦猶如水一樣，可以載舟，也可以覆舟。

蘇東坡在《洗兒》一詩中寫道：「人皆養子望聰明，我被聰明誤一生。惟願孩兒愚且魯，無災無難到公卿。」蘇東坡對於自己一生因聰明而受的苦刻骨銘心，以至於希望自己的兒子愚蠢一點，以躲避各種災難。聰明本是天生稟賦，機關算盡卻成為人的痛苦之源。

才智也有困窘的時候，神靈也有考慮不到的地方。正所謂難得糊塗，聰明難，糊塗難，由聰明而轉入糊塗更難。摒棄小聰明方才顯示大智慧，除去矯飾的善行方能使自己真正回到自然的善性。聰明常被聰明誤，一個人身處世間，應當除去自己的心機，以一顆最率真的心做人。

有一天，佛陀帶著弟子們到王捨城托缽。路過一家染布店的時候，佛陀停下了腳步，站在店鋪旁邊，專心地看著染布師傅染布，直到整個染布的過程結束後，佛陀才繼續向前走。

回到精舍，佛陀問隨行的弟子：「今天外出，有什麼感想和收穫嗎？」

一個弟子回答：「城裡很繁華，很熱鬧。大家都在忙著出售、購買。」

「這麼多人都在買賣，你們從中又看出了什麼？」佛陀又問。

另一個弟子回道：「買賣的目的都是謀生。」

「對！」佛陀點點頭，說，「除了生活需要滋養之外，我們的心靈也需要滋養。」

弟子們十分好奇，問佛陀：「要用什麼來滋養我們的心靈呢？」

佛陀說：「今天，我看到染布店的師傅，他的全身被沾染了很多的顏色，最後卻染出了一匹潔白的布，整個過程他都非常細心，就是為了不讓布匹被染髒。」

眾人終於明白佛陀白天為什麼會在染布店停駐了。

佛陀接著說：「其實修行也一樣，我們處在這個混濁而又複雜的世界，最重要的是保持心的純淨。我們原有的本真就像那塊白布，若不小心呵護，即便染布師傅的技藝再好，它的色澤也不會有之前那麼好。所以，我們要學染布師傅，仔細地呵護我們的心。」

布弄髒了，再去漂白就好，可是漂白之後的白，已恢復不了最初的潔白。

我們的心也是這樣，貪、癡、嗔等各種污穢侵入心靈，使得它忐忑不安，無法平靜，不復最初的純真。很多時候，迫於世俗的種種壓力，真實的自我往往裹著厚厚的外衣，讓人無法看清真正的面目。濃妝豔抹的風姿雖然能夠在第一時間吸引住別人的目光，但洗盡鉛華後的本色將更加持久。

一顆純淨率真的心是這個世界的原始本色，沒有一點功利色彩。就像花兒的綻放、樹枝的搖曳、風兒的低鳴、蟋蟀的輕唱，聽憑內心的召喚，這是本性使然，沒有特別的理由。

禪的境界就在人間，在每個人的身上。一個人只要能夠除去多餘的機巧之心，保持自己的本色，發揮自己的天然個性，就達到了禪的境界。

在這個世界上，每一個人都是獨一無二的。每個人都有自己的獨特個性和特色，不必去尋求這樣或那樣的機心，而應以自我的真心對待萬事萬物。只要我們在遵守規則的前提下去除機心，保持自我本色，不人云亦云，不亦步亦趨，就能創造出屬於自己的美好人生。

做人要有一顆直心

《維摩經菩薩品第四》中有一句名言：「直心是道場。」擁有一顆直心，就是擁有坦蕩光明的心境，心口如一，言行如一，心地磊落，沒有牽掛糾纏。

心口如一，就是嘴裡所說的話，與心中當下所想的內容是一致的，沒有欺騙自己和別人。可是，這並不意味著毫無遮攔地和盤托出心裡所想的一切，以致不顧後果、不管別人的感受，甚至毫不在乎地用言語傷害別人，這不是直心，而是粗暴和無知，是沒有智慧和不慈悲的表現。

在現實生活中，人們為了自己的利益需要，往往會說一些違心的話。佛家有「方便妄語」之說，意思是有時我們為了不傷害別人，可以說一些善意的謊言。不過，善意的謊言一定要出自真心，才符合心口如一的要求。倘若只是為了利益需要而說謊，就談不上善意，更談不上直心。

言行如一，是怎麼說就怎麼做，把自己所說的話原原本本地落實到行動上，這樣的心才稱得上爽直。與此相反的，就是把自己所說的話，變成口號，話說得很好聽，卻從來不將它落實。現實生活中，我們或多或少都會犯這種言行不一的錯誤，有時是為現實所迫，有時則是因為自身的惰性，面對困難的事情，總是為自己找藉口，不願意付出努力。久而久之，受害的其實是自己。

做到了心口如一、言行如一之後，就離直心不遠了。如果我們覺得自己的心很混亂，不得安寧，這是因為我們還有太多的牽掛與糾纏，以及由此而產生的執著與煩惱。我們需要找到煩惱的根源，給自己的心鬆綁。對於煩惱的來源，《維摩詰所說經》裡說得很清楚：「何為病本？謂有攀緣。」攀緣心就是，我們的六根對著六識時，總忍不住要去攀附，由此生出無窮無盡的欲望和煩惱，原本清淨坦蕩的內心也被扭曲。

要想擁有一顆直心，就要從放下攀緣心開始，只要擁有一顆直心，便處處都是道場。

一天，光嚴童子為尋找適於修行的清淨場所，決心離開喧鬧的城市。在他快要出城時，遇到維摩居士。

維摩也稱為維摩詰，是與佛祖同時代的著名居士，他妻妾眾多，資財無數，一方面瀟灑人生，遊戲風塵，享盡世間富貴；一方面又精悉佛理，崇佛向道，修成了救世菩薩，在佛教界被喻為「火中生蓮花」。

光嚴童子問維摩居士：「你從哪裡來？」

「我從道場來。」

「道場在哪裡？」

「直心是道場。」

聽到維摩居士講「直心是道場」，光嚴童子恍然大悟。

直心即純潔清淨之心，即拋棄一切煩惱，滅絕了一切妄念，存一無雜之心。有了直心，在任何地方都可修道；若無直心，就是在清淨的深山古剎中也修不成正果。

能夠做到時時心口如一，處處言行如一，心地光明磊落，沒有牽掛糾纏，就不必去追尋世外桃源，也不必嚮往人間淨土，更不必東攀西附。做好自己，哪怕身處喧鬧世俗也不受影響，那麼，心內便是淨土。

人心本來純真無私、正直光明，但隨著年齡與閱歷的增長，漸漸發現周圍的許多人都心有城府、爾虞我詐、鉤心鬥角，便不由自主地隨波逐流，放棄了自己的直心道場。

世上最累人的事，莫過於虛偽地過日子。做真實的自己，活出自己的性格，才能得到發自內心的快樂。

不偽飾，不失本色

順其自然是佛法，恢復本原亦是佛法。世間萬物皆有其自身的規律，樹在風中搖擺時是自由自在的，它懂得順其自然的道理。

自然的，才是最美的。在這個世界上，任何事物，尤其是人，都應保持自己的本色。失去本色，就失去了特徵，失去了存在的意義，要知道，任何虛偽的掩飾都不會長久。保持一顆本色之心，遇山則高，遇水則低，隨順自然，才是真諦。

無德禪師四處行腳漂泊，一天經過佛光禪師那裡，便去拜訪他。

佛光禪師惋惜地說：「你是一位很有名的禪者，為什麼那麼辛苦地四處奔波，不找一個地方隱居起來呢？」

無德禪師無可奈何地答道：「我也想隱居，可我拿不定主意，請問究竟哪裡才是我的隱居之處呢？」

佛光禪師不客氣地指出：「你雖然是一位很好的長老禪師，卻連隱居之處都不知道？」

無德禪師開玩笑地說：「我騎了三十年馬，不料今天竟被驢子摔下來。」意思是說，我三十年來見過不少大風大浪，今天卻被你難住了。於是無德禪師就在佛光禪師這裡住了下來。

一天，有一個學僧問：「我想離開佛教義學，可以嗎？請禪師幫我抉擇一下。」

無德禪師告訴他：「如果是那樣的人，當然可以了。」

學僧剛要禮拜，無德禪師卻攔住他說：「你問得很好，問得很好。」

學僧道：「我本想請教禪師，可是我還沒有……」

無德禪師打斷道：「我今天不回答。」

學僧執著地問：「乾淨得一塵不染時又怎麼辨呢？」
無德禪師答道：「我這個地方不留那種客人。」
學僧再問：「禪師，什麼是您特別的家風？」
無德禪師說：「我不告訴你。」
學僧不滿地責問道：「您為什麼不告訴我呢？」
無德禪師斬釘截鐵地回答：「這就是我的家風。」
學僧更加不滿了，譏諷道：「您的家風就是沒有一句話嗎？」
無德禪師隨口說：「打坐！」
學僧頂撞道：「街上的乞丐不都在坐著嗎？」
無德禪師拿出一枚銅錢給學僧，學僧終於醒悟。

無德禪師再見佛光禪師，鄭重其事地說：「我現在已找到隱居的地方了，那就是當行腳的時候行腳，當隱居的時候隱居！」

無德禪師能夠當行腳時行腳，當隱居時隱居，正是順其自然的生動體現。

龍門清遠禪師有一首偈語：「醉眠醒臥不歸家，一身流落在天涯。祖佛位中留不住，夜來依舊宿蘆花。」無論醉醒坐臥，都不拘小節，天涯海角任逍遙即是禪者的人生觀。什麼都無法束縛他們，什麼都不改其樂，即使到地獄也灑脫。「祖佛位中留不住」，連佛祖都不做的胸襟還有什麼會成為他們的掛礙呢？

當行腳時就行腳，當隱居時便隱居，心中沒有任何偽飾，到哪兒都是行腳，去何處都是隱居，生命到此境界，才算是真正的自由自在。

做自己最幸福

在現代社會中，人們時刻在意自己在社會中的位置，或是與熟人比較，或是與親人攀比，找不到屬於自己的價值定位。只看到他人生活中的光鮮，卻看不見自己生活中的美好。

每個人都有自己的活法，感受的境界也各自不同，最重要的是能感受到自己生命中獨有的意義和價值。不必徒然祈求他人生活中的錦衣玉食，我們也有自己的粗茶淡飯，不用羨慕別人。生活的表相只是代表了不同的活法和不同的道路，只要能安心自在，活出自我，就能在平常中體味滿足和幸福。

有一對孿生兄弟因為逃難而失散，多年後重逢，個性活潑的哥哥在飢寒交迫下投身寺院當了和尚，個性安靜的弟弟則在機緣巧合下娶妻生子。兄弟倆過得極不快樂：哥哥羨慕弟弟娶妻生子，享盡家庭溫馨；弟弟羨慕哥哥皈依佛門，遠離塵世紛擾。

一天，兄弟倆相約在半山腰的小涼亭閒談。正要離開時，發生了山崩，慌亂中他們躲進了一個小山洞，倖免於難。半夜，哥哥怕弟弟著涼，脫下僧衣給弟弟蓋上；清晨，弟弟感激哥哥的照顧，脫下上衣給哥哥蓋上。幾天後，兄弟倆獲救了，但哥哥被送回了弟弟家，弟弟被送回了寺院。

他們將錯就錯地住了下來，體會著自己嚮往的生活。哥哥為了衣食拼命做工，累得半死也撐不起一家溫飽，絲毫享受不到家庭的溫馨；弟弟為了準時撞鐘、誦早課，和衣而睡，難以安眠，半點感受不到出家生活的閒適。兄弟倆在疲憊不堪下恢復身份，這才發覺，還是做自己最好。

兄弟二人最初都認為另一方的人生值得羨慕，但最終也都發現，還是做自己最幸福。因為喪失自我的生活，並不值得擁有。

在有限的生命中悟透人生的本體，了悟人生的真諦，發出生命的光芒，活出人生的真意，認識到動靜一如、有無一般、生死一體、來去一致的心態，放寬胸懷，空出心智，合於自然，從而超越智勇奇巧，超越悲喜榮辱，超越沉浮生滅，超越時間的限制，認清生死問題、苦樂問題和生命的價值問題，那麼，人生將會於無盡的空間中綿延，直至進入生命的圓滿之境。

每個人的生活都有苦有甜，關鍵是要發現並能享受生活中美好的一面。自身價值要自己發現，要自己在生活中慢慢體悟。做好自己，便能活出自己人生的真意。

第八章

淡泊

放下負累，把貪嗔癡裝進行囊

虛名能為人帶來一時的心理滿足感，
但它本身毫無價值、毫無意義，
也是諸多煩惱、愁苦的根源所在。
歷史上不少悲劇是因爭名奪譽而起，
人們只看到虛名表面的好處，卻不知道，
在虛名的背後，埋藏了許多辛酸和苦難。

欲望的海水越喝越渴

佛說「貪、嗔、癡」為人生「三毒」，是為眾生業障的根本。妒忌、殘害等心理，都是隨三毒而來的無明煩惱。而這三毒之中，「貪」為第一毒。當我們發現自己在現實生活裡奔波不停，像陀螺一樣疲於旋轉、永不止息時，有沒有想過，那用鞭子抽打我們的，到底是現實本身，還是我們自己心裡過多的貪欲？

在人生的漫漫旅途中，每個人或多或少都會遇到一些機關陷阱，而這些陷阱之中，有一種最為可怕，卻是我們自己挖掘的，這就是貪婪。貪婪之人眼中只有欲望。有些基本的欲望是不可避免的，且適當的欲望反而有益於身心，但當我們的心裡、眼裡只有欲望時，當我們不顧一切地只為滿足自己的欲望時，我們就會忽略自己的缺點和前方的危險，奮不顧身地跳進自己挖好的陷阱裡，萬劫不復。

曾有人說：欲望像海水，喝得越多，越是口渴。欲望不加節制就會越喝越渴，越渴越喝，最後不但沒能滿足欲望，反而迷失了自己。

有人問禪師：「世上最可怕的是什麼？」

禪師說：「欲望！」

那人不解：「為什麼呢？」

禪師說：「聽我講一個故事吧！」

有一個農民想買一塊地，他聽說有個地方的人想賣地，便決定到那裡打聽一下。到了那個地方，他向人詢問：「這裡的地怎麼賣呢？」

當地人說：「只要交一千文，就給你一天時間，從太陽升起的時間算起，直到太陽落下地平線，你能用腳步圈多大的地，那些地就是你的了，但如果不能回到起點，你將不能得到一寸土地。」

農民心想：那我這一天辛苦一下，多走一些路，豈不是可以圈很大的一塊地？這樣的生意實在太划算了！於是他就和當地人簽訂了合約。

太陽剛一露出地平線，他就邁著大步向前疾走，到了中午的時候，他回頭看不見出發的地方了才拐彎。他的步子一分鐘也沒有停下，一直向前走著，心裡想：忍受這一天，以後就可以享受這一天的辛苦帶來的歡悅了。

他又向前走了很遠的路，眼看著太陽快要下山了，他心裡非常著急，如果趕不回去就一寸地也得不到了，因此他走斜路向起點趕去。看著快要落到地平線下面的太陽，他加快了腳步，終於只差兩步就到達起點了；但是此時，他的力氣已經耗盡，倒在了那裡，倒下的時候兩隻手剛好觸到起點的那條線。那片地歸他了，可是又有什麼用呢？他已經失去了生命，要地還有什麼意義呢？

禪師講完，沉默不語，那人卻已經知道了自己想要的答案。

是啊，生命都失去了，擁有再多的土地還有什麼意義呢？對一個不知足的人來說，欲望永遠沒有滿足的那一刻，只有死亡才能讓他們停下匆匆的腳步。欲望如同一團烈火，柴放得越多，火燒得越旺，而火燒得越旺，人就越有添柴的衝動，於是人們奔來奔去、忙裡忙外，火急火燎地把自己的生命匆匆燒盡了。

命運總是在滿足一個人欲望的同時，塞給他一個更難填平的新的欲望。很多人最初開始的時候並不貪婪，只是當他們發現前方擁有更多的名利財富時，不知不覺地選擇了再走一步，就是這一步步，讓人們越走越遠，無法回頭。

飲鴆不能止渴，快快從這烏煙瘴氣的泥潭脫身吧！

想抓住的太多，能抓住的太少

在佛理看來，人世中一切事、一切物都在不斷變換，沒有一刻停留；萬物有生有滅，沒有瞬間停留。對這種現象，佛教中有一個形象的名詞——無常。宋朝詩人蘇東坡曾寫過這樣兩句詩：「人似秋鴻來有信，事如春夢了無痕。」國學大師南懷瑾先生認為這兩句詩很好地說明了無常的現象，他對這兩句詩的解釋非常有趣，他說：「人似秋鴻來有信，蘇東坡要到鄉下去喝酒，去年去了一個地方，答應了今年再來，果然來了。事如春夢了無痕，一切的事情過了，像春天的夢一樣，人到了春天愛睡覺，睡多了就夢多，夢醒了，夢留不住，無痕跡。」

在《大智度論》中有這樣一個關於海市蜃樓的故事：

在沙漠中有一座美麗的城堡。人們在太陽剛升起時，可以見到城門、望臺、宮殿，以及來來往往的行人。可隨著太陽的升高，城堡會慢慢消失不見。這其實是海市蜃樓，但總有人將它當作一個快樂的天堂，而不知道這只是沙漠中的幻象，根本不可得。

有一群從遠方來的商人，無意間看到這座沙漠中的城堡，便想到那裡做生意賺錢致富，於是他們飛快地趕去。可他們越接近城堡，就越是找不到。此時他們又渴又熱又累，當他們看見熱浪猶如奔馳的野馬群時又以為是水，急忙向前奔去，同樣他們仍一無所得。

漸漸地，他們疲乏到了極點，來到窮山狹谷中，忍不住大叫大哭。就在這個時候，他們聽到自己的回音，誤以為是有人在附近，於是又燃起一線希望，決定再打起精神繼續向前走。走著，走著，他們走了很遠仍看不到人的蹤跡，於是愈走愈灰心。最後，他們猛然發現：他們追逐的只是幻象。當下，他們停止了渴求，恍然大悟。

榮華總是三更夢，富貴還同九月霜。這榮華富貴與沙漠幻城又有何異？名是韁，利是鎖，塵世的誘惑如繩索一般牽絆著眾人，一切煩惱、憂愁、痛苦皆由此來。任何東西都有代價，魚上鉤是魚垂涎魚餌的代價；被名利所蠱惑的心，往往要付出跳下陷阱的代價。

乾隆皇帝下江南時，來到江蘇鎮江的金山寺，看到山腳下大江東去，百舸爭流，不禁興致大發，隨口問道濟和尚：「你在這裡住了幾十年，可知道每天來來往往多少船？」道濟和尚回答：「我只看到兩艘船。一艘爭名，一艘奪利。」

名與利的供養真的是越多越好嗎？未必。在佛祖看來，過於優渥的供養如芭蕉結子、竹子開花，不但於修行無益，反而會毀壞正法。修行人不要太在意物質的享受，那只會給修行帶來阻礙。不追求官爵的人，就不因為高官厚祿而喜不自禁，不因為前途無望、窮困貧乏而隨波逐流、趨炎附勢。如果在榮辱面前一樣達觀，人也就無所謂憂愁。

慧忠禪師曾經對眾弟子說：「青藤攀附樹枝，爬上了寒松頂；白雲疏淡潔白，出沒於天空之中。世間萬物本來清閒，只是人們自己在喧鬧忙碌。」世間的人在忙些什麼呢？其實不外乎是名和利。萬物清閒，人又何必為了爭名奪利而使自己不得清閒呢？擺脫名利等外物的束縛，才能體會「閒看庭前花開花落，漫隨天外雲卷雲舒」的愜意。

除去閒名，禪師本是和尚

古人有云：「聲名，謗之媒也。」意思是說人們常常為聲名所累，這個聲名即是人們常說的虛名。虛名者，有名無實，或要其名而不要其實之謂也。然而，就是有很多人對此貪戀不已。比如，有些人已經是財大氣粗的老闆、總裁，卻偏要花錢買個教授、研究員的頭銜；有些人已經官至縣長、市長，卻還要順手捎帶個碩士、博士文憑。其實，虛名非福而是禍。宋襄公為虛名而禍國，慈禧太后為虛名而殃國；一些人為虛名濫上項目，動輒數億、數十億資金付諸東流；一些人為虛名投機鑽營，損人利己。人們鄙視虛名，視虛名為國之敵、人之敵、己之敵，無論先賢今人，無一不告誡世人不要貪圖虛名。

洞山禪師知道自己即將離開人世，這個消息傳出去以後，人們從四面八方趕來，連朝廷也派人趕來了。

洞山禪師走了出來，臉上洋溢著淨蓮般的微笑。他看著滿院的僧眾，大聲說：「我在世間沾了一點閒名，如今軀殼即將散壞，閒名也該去除。你們之中有誰能夠替我除去閒名？」

沒有人知道該怎麼辦，院子裡一片沉靜。

忽然，一個前幾日才上山的小和尚走到禪師面前，恭敬地頂禮之後，高聲說道：「請問和尚法號是什麼？」

話剛一出口，所有人都投來埋怨的目光，有的人低聲斥責小和尚目無尊長，對禪師不敬，有的人埋怨小和尚無知，院子裡鬧哄哄的。

洞山禪師聽了小和尚的問話，大聲笑著說：「好啊！現在我沒有閒名了，還是小和尚聰明呀！」於是坐下來閉目合十，就此離去。

小和尚眼中的淚水再也止不住，流了下來。他看著師父的身體，慶幸在師父圓寂之前，自己還能替師父除去閒名。

過了一會兒，小和尚立刻被人圍了起來，他們責問道：「真是豈有此理！連洞山禪師的法號都不知道，你到這裡來幹什麼？」

小和尚看著周圍的人，無奈道：「他是我的師父，他的法號我豈能不知？」

「那你為什麼要那樣問呢？」

小和尚答道：「我那樣做就是為了除去師父的閒名！」

世上能做到捨棄名利的人有幾個呢？在你面對各種誘惑之時，如何能夠超越？生活像一個圈，無論得到多少，最終還是會回到原點。古代聖賢教誨：「安貧樂道，恬於進趣，三輔諸儒莫不慕仰之。」

虛名能為人帶來一時的心理滿足感，但它本身毫無價值、毫無意義，任何一個真正的有識之士，都不會看重虛名。為了虛名而爭鬥，是人世間各種矛盾、衝突的重要起因，也是諸多煩惱、愁苦的根源所在。歷史上不少悲劇是因爭名奪譽而起，人們只看到虛名表面的好處，卻不知道，在虛名的背後，埋藏了很多辛酸和苦難。為了承受這麼一個毫無價值的虛名，人們鉤心鬥角，鄰里打得頭破血流，朋友反目成仇，兄弟自相殘殺，被這些虛名所累，有什麽好處？金銀、名氣固然重要，但是當離開人世時，這些都和我們沒有任何的關聯。

時下，人們追逐名利之心日盛，在利益的追逐中爾虞我詐，原本純淨的心在紅塵俗世中日漸蒙塵。某一天，當你厭倦了鉤心鬥角的追名逐利，心生淡泊之意時，不妨褪盡名利心，任道心滋生，如陶淵明一般「采菊東籬下，悠然見南山。」

幸福的本質是實現，而不是佔有

「清貧」的生活符合自然，儘量節約，崇尚樸實，這是一種返璞歸真的生活。或許有人把「吝嗇」等同於「清貧」，但兩者的實質截然不同：清貧者追求的是一種簡單的生活，尤其是家境較為寬裕的人，不花錢並不是因為捨不得；慳吝人是因為捨不得給自己，更捨不得給他人，所以才節省。

金錢是用來實現人的某種理想生活方式的一種手段，而許多人卻把它當成了生活的全部。生活的目的遠遠超越物質的層面，人的內心深處都追求著精神的自由，沒有精神做支撐，人就只是一具在人世間麻木地行走的軀殼而已。在這個世間生活的人，都是在實現著一種理想的生活方式或者內心信仰，如此說來，金錢遠遠支撐不了世人的生活。

珠光寶氣並不是高貴的象徵，人之所以高貴，更重要的是因為內在的氣質和品格，而非外在的浮華。

一個皇帝想要整修京城裡的一座寺廟，他派人去找技藝高超的設計師，希望能夠將寺廟整修得美麗而又莊嚴。後來有兩組人員被找來了，其中一組是京城裡很有名的工匠與畫師，另外一組是幾個和尚。皇帝不知道到底哪一組人員的手藝比較好，所以決定比較一下。他將兩組人分別帶到需要整修的小廟，並給了同樣多的錢讓他們隨意支配。

工匠買了一百多種顏色的漆料，還有很多工具；和尚只買了抹布與水桶等簡單的清潔用具。

三天之後，皇帝來驗收。他首先看了工匠們所裝飾的寺廟——一座被裝飾得五顏六色、金光璀璨的寺廟。

皇帝滿意地點點頭，接著去看和尚們負責整修的寺廟。他看一眼就愣住了——和尚們所整修的寺廟沒有塗任何顏料，他們只是把所有的牆壁、桌椅、窗戶等都擦拭得非常乾淨，寺廟中所有的物品都顯出了它們原來的顏色，而它們光亮的表面就像鏡子一般，映照著外面的色彩。天邊多變的雲彩、隨風搖曳的樹影，甚至是對面五顏六色的寺廟，都變成了這個寺廟美麗色彩的一部分。在正殿中，很多香客在虔誠地向佛祖跪拜。

皇帝問和尚：「你們把錢花在哪裡了？」

和尚合掌回答：「陛下，那些接受了您施捨的流浪者，正在佛前為您祈福！」

皇帝被深深地震撼了。

和尚修整的沒有任何裝飾的寺廟似乎有一種神奇的魔力，如同鏡子一般光亮的表面映照著外面的色彩，更折射出樸素到極致的美麗。

這則禪宗故事告訴我們：極致的樸素也可能是極致的美麗，時尚華麗固然吸引人的眼球，樸素淡然也同樣精彩。和尚們用最簡單的方法完成皇帝的任務，卻把更多的福澤與需要者分享。唯有自己樸素、簡單，才會有更多的東西給人；如果自己浪費了、享受了，能給人的東西就減少了。在這個故事中，金錢充當了實現善施的道具。

從事佛學研究及教學、弘法的知名法師濟群法師說過：「佛法認為，解脫痛苦的方法，首先是瞭解痛苦的現狀，然後，由此尋找痛苦之源。人類痛苦固然與外在環境有關，究其根源，還是生命內在的問題。從般若思想來看，一切痛苦都是對『有』（存在）的迷惑和執著造成，想要擺脫痛苦，必須對存在具備正確認識。」

與其在眼花繚亂的花花世界中迷失了方向，不如做個清淡、簡樸的清貧者，實現自己理想中的生活，清心少欲，在樸實、簡單的生活中安定下來，不隨物質世界顛倒起伏。

取捨都是為了心的快樂

「捨得」一詞出自《佛經．了凡四訓》，是禪的一種哲理。在佛家看來，在捨得之中世間萬物達到了和諧統一。在古代，「捨」曾被視為一種處世態度；現如今，「捨」卻成了不上進的表現。的確，人往高處走，水往低處流。人應有理想有追求，但是我們不僅僅要有追求，也要學會有所捨。因為，太盛的物欲會讓人起貪念，而貪念又是一切惡行的起源之一。古人說：「養心善莫寡欲。」而對財色的過分追求猶如舔刀口之蜜，為一甜而受割舌之害。世事並不總盡如人意，因此，生活就是一連串取捨的過程，有取就有捨，有捨才有得。懂得用心取捨的人，才能選擇最適合自己的生活，才能獲得心的快樂。

生活有時需要我們做出選擇，但什麼才是最難捨棄的，是一種道義，還是一段感情？為什麼不能拋開和犧牲一些東西，而去獲得另一些永恆呢？

《百喻經》裡有一個故事，從前有一隻猩猩，手裡抓了一把豆子，高高興興地在路上一蹦一跳地走著。一不留神，手中的豆子掉落了一顆，為了這顆掉落的豆子，猩猩將手中其餘的豆子全部放置在路旁，趴在地上，轉來轉去，東尋西找，卻始終不見那一顆豆子的蹤影。

最後猩猩只好用手拍拍身上的灰土，回頭準備拿取原先放置在一旁的豆子，怎知原先那一把豆子已被路旁的雞鴨吃得一顆也不剩了。

想想我們現在，是否也放棄了手中的一切，僅僅為了追求「掉落的那一顆豆子？」

失去某種心愛之物大都會給我們的心理造成陰影，有時甚至因此而備受折磨。究其原因，就是我們沒有調整心態面對失去，沒有從心理上承認失去，而沉湎於已不存在的過去，沒有想到去創造新的未來。與其懷戀過去，不如抬起頭，去爭取未來。放棄一些煩瑣，是為了輕便地前行；放棄一絲悵惘，是為了輕快地歌唱；放棄一段淒美，是為了美好的夢想。

我們心中的欲望像看見紅色斗篷的鬥牛，他人暴富的經歷，讓我們血脈賁張、躍躍欲試；時尚名牌漫天飛，哪能心如止水；美女香車招搖過，我們的心早已蠢蠢欲動；更不能忍受的是別墅洋房的誘惑。因此，很多時候，我們被世上的名利、金錢、物質所迷惑，心中只想得到，只想將其統統歸於己有，而不想捨棄。於是心中充滿了矛盾、憂愁、不安，心靈上承受了很大的壓力，以至於活得很累。《出曜經》中「佛度慳貪長者」的故事說的正是這種因不捨而矛盾憂愁的人。

從前，在捨衛城住著「最勝」和「難降」兩位長者。他們富可敵國，但異常慳吝。他們給自己的家設了森嚴門禁，禁止乞丐入內，還用鐵網圍遮房屋以防止飛鳥來啄食稻穀，用鐵牆壁避免老鼠鑿牆進入房中咬壞器物。

當時，佛陀的五大弟子都無法度化這兩位慳吝的長者。佛陀得知後，便親自在兩位長者面前顯示神通，並且放大光明，為長者宣說微妙聖法。可是，兩位長者仍然無法理解佛法大意，只是覺得不能讓佛陀空手而歸，於是決定用一條白氈布來供佛陀。

慳吝的「最勝」長者挑了一條差的氈布，拿出來後卻發現變成了上等的毛氈。長者十分不捨，於是又轉回庫房挑了一條次等氈布，可取出一看，又變成極好的毛氈。如此，無論長者如何挑選，他最後拿在手上的氈布都比他原本挑選的要好。慳吝的長者在佈施與慳吝之間猶豫不決。

恰在此時，天上的阿修羅與忉利天人正在交兵，雙方各有佔上風的時候。佛陀得知長者的慳貪心與佈施心正在交戰，於是說了一首偈子：「施與戰同處，此德智不譽。施時亦戰時，此事二俱等。」

「最勝」長者聽到佛陀所說的話，感到十分慚愧，認識到自己應當改過向善，於是挑選了一條上等氈布來供養佛陀，而「難降」長者也全誠供養佛陀五百兩金。

擺脫了與慳貪交戰的兩位長者，因施得福，領悟了佛陀的妙法。

佛家認為，慳貪不捨會讓人心清明的自性受蒙蔽，而只有放下慳貪的執著，才能讓心寬廣。這就是這個故事告訴我們的道理。

誠然，人不能沒有欲望，沒有欲望就沒有前進的動力；但如果不捨棄過度的欲望，就會陷入欲望的溝壑，給自己帶來無窮無盡的煩惱和麻煩。生命屬於個人，每個人都有權設計自己的生活和道路。所有的心願，只要符合法律和道德的要求，都應該得到尊重。我們必須明白：在生命中，一切物質及肉體都是不可靠的奴僕，想讓自己得以昇華，就必須捨棄這些本性之外的東西，去追求生活本身的淳樸，這樣才能活得愜意，活得灑脫。

輕囊致遠，靜心久行

在匆忙的現代社會中，人們面臨著前所未有的機遇，也身處在前所未有的困境之中。憂鬱、迷茫、煩躁、冷漠，當靈魂將這些厚厚的外衣一件件穿上的時候，我們最終只會窒息。有些許禪悟的人們，不能再做一隻掙扎的困獸，而要做一隻展翅的大鵬，掌控自己的翅膀與命運！絕雲氣，負青天，擊水三千，扶搖而上九萬里！

我們生活在這個世界，最難做到的無疑就是放下，自己喜愛的固然放不下，自己不喜愛的也放不下。愛憎之念常常霸佔住我們的心房，哪裡能快樂自主呢？

情能否放下？人世間最說不清、道不明的就是一個「情」字。凡是陷入感情糾葛的人，往往容易失控。情方面放得下，可稱是理智的「放」。成敗能否放下？李白在《將進酒》詩中說：「天生我材必有用，千金散盡還復來。」如在成敗方面放得下，那可稱是非常瀟灑的「放」。名能否放下？高智商的人，患心理障礙的比率相對較高。原因在於他們一般喜歡爭強好勝，對名看得較重，有的甚至愛「名」如命，累得死去活來。倘若放得下名利，就可稱是超脫的「放」。憂愁能否放下？現實生活中令人憂愁的事實在太多了，就像宋朝女詞人李清照所說的：「才下眉頭，卻上心頭。」如果放得下憂愁，那就可稱是幸福的「放」。

懂得放下的人是智慧的，理智的「放」、瀟灑的「放」、超脫的「放」、幸福的「放」，無論是哪一種放下，都會獲得自在。很多人總是抱怨自己很累，身體累，心也累，總之就是疲憊不堪。那是因為我們的身心被自己分裂成了兩塊，甚至更多塊。

人生在世，就像一次旅途，裝的東西太多，就會走不動，那還怎麼去更遠的地方看更好的風景？輕囊才可致遠，靜心方能行久。

別為了流淚，而錯過滿天繁星

印度大詩人泰戈爾的這句詩相信很多人都聽過，他用如此優美而雋永的詩句提醒我們：如果我們一味地沉湎於過去的得失、悲傷，那麼今天的、將來的美麗，都將與我們擦肩而過。

一天，佛陀剛剛用完午餐，一位商人就來請求佛陀為他除惑解疑，指點方向。佛陀將商人帶入一間靜室，十分耐心地聽他訴說自己的苦惱和疑惑。

商人訴說了很久，他所說的都是對往事的追悔。最後，佛陀示意他停下來，問他：「你可吃過午餐？」

商人點頭說：「已吃過。」

佛陀又問：「炊具和餐具可都收拾得乾淨完好？」

商人忙說：「是啊，都已收拾得很完好了。」

接著，商人急切地問佛陀：「您怎麼只問我不相關的事呢？請您給我的問題一個正確答案吧！」

佛陀卻對他微微一笑，說：「你的問題你自己已經回答過了。」接著就讓他離開靜室。

過了幾天，那位商人終於領悟了佛陀的道理，來向佛陀致謝。

佛陀這才對他及眾弟子說：「若是對昨天的事念念不忘、追悔煩惱，我們很可能成為一棵枯草！」

誰又願意做一棵枯草呢？

商人時時刻刻把過去的苦惱記在心上，滿心憂愁，看似一團亂麻，毫無頭緒，其實，當佛陀問起他生活中種種瑣碎的煩惱如何解答時，他自己已給出了答案：餓了就去吃飯，吃完飯就洗碗。這是再正常不過的行為，卻蘊含著最智慧、最深刻的道理：當下，才是一切。

我們常聽到人們哀歎：「要是……就好了！」這是一種明顯的內疚、悔恨心理。內疚、悔恨看似是對往事的過多關注，其實更是對當下問題、煩惱的逃避。對大部分人而言，由於無法體味平常生活的真味，因此對吃飯、洗碗、工作、學習這樣的瑣事甚為反感，寧願把時間花在回憶過去的歡歌笑語、傷心眼淚中。只是，他們追憶、緬懷的，不正是和朋友、愛人一起開心地吃飯、洗碗的日子嗎？他們悔恨的，不也正是沒有珍惜昨天的時光，把工作、學習做好，才讓今天的生活一團糟嗎？

追憶、悔恨不能解決任何問題，我們不該過分地為曾經的快樂陶醉，也實在沒有必要為過去犯過的錯誤而不停地譴責自己。不管過去發生過什麼，是大幸還是大悲，是時光的激蕩抑或是歲月的捉弄，都已然成為可被訴說卻無法追回的過往，我們只能將其當作經驗來總結，而不能作為繩索將自己捆綁。這就像爬山，如果總是回顧身後，那麼爬山不僅不會成為一件有益身心的快樂運動，反而會成為一個痛苦煎熬的過程。爬到最後，感受到的恐怕不是山頂上亮麗的風景，而是自己沉重的喘息和疲倦的心靈。

著眼於現在，看看自己能做什麼，該做什麼，才能在錯過太陽後，不錯過群星的璀璨。

有一學僧對雲居禪師說：「弟子每做完一件事就總不勝懊悔，這是為什麼呢？」

雲居禪師道：「你且先聽我的十後悔：逢師不學去後悔；遇賢不交別後悔；事親不孝喪後悔；對主不忠退後悔；見義不為過後悔；見危不救陷後悔；有財不施失後悔；愛國不貞亡後悔；因果不信報後悔；佛道不修死後悔。以上這十種後悔，你是哪種？」

學僧想了想說道：「看起來這些後悔，都是我的毛病！」

雲居禪師道：「你既知道是毛病，就要火速治療呀！」

學僧問道：「我就是因為不懂得治療，所以懇請師父慈悲開示！」

雲居禪師開示道：「你只要把十後悔中的『不』字改為『要』字就可以了，

即『逢師要學，遇賢要交，事親要孝，對主要忠，見義要為，見危要救，得財要施，愛國要貞，因果要信，佛道要修』。這一服藥，你好好服用！」

原來，只要變「不」為「要」，在當下積極踐行，即可治癒我們的悔恨。既然已知逝去的如曇花一現，轉瞬成灰，只能刻在記憶中，那聰明的你，還不趕快擦擦眼淚，於當下的「吃飯」「洗碗」裡收穫充實、安寧，於今天的充實、安寧裡看自己生命裡的滿天繁星。

捨去貪婪，過不負累的人生

我們常患大病，而病往往由「貪」字而來。中國古代聖賢認為，世上的人們所尊崇看重的，是富有、高貴、長壽和善名；所愛好和喜歡的，是身體的安適、豐盛的食品、漂亮的服飾、絢麗的色彩和動聽的樂聲；所認為低下的，是貧窮、卑微、短命和惡名；所痛苦和煩惱的，是身體不能獲得舒適安逸、口裡不能獲得美味佳餚、外形不能獲得漂亮的服飾、眼睛不能看到絢麗的色彩、耳朵不能聽到悅耳的樂聲。假如得不到這些東西，就大為憂愁和擔心，進而患大病。

貪婪在佛教教義中被列為第八大惡行，在佛家看來，貪婪會讓欲望迷惑人的本心，讓人陷入追逐欲望的深淵中不能自拔。人因貪婪而付出的代價往往巨大，如一些人為了得到自己喜歡的東西，殫精竭慮、費盡心機，更甚者因貪欲而不擇手段以致走向極端，這樣的人到最後往往得不償失。

在談到貪欲時，國學大師南懷瑾先生說：「什麼是貪？貪名、貪利、貪感情、放不下，貪這個世界上的一切，都屬於貪。」南先生曾舉一個佛門的例子來說明貪欲之害。

有一位法師年紀大了，面臨死亡時，看到兩個小鬼來捉他，小鬼在閻王那裡拿了拘票，還帶了刑具手銬。

這個法師說：「我們商量一下好不好？我出家一輩子，只做了功德，沒有修行，你給我七天假，七天打坐修成功了，先度你們兩個，再去度閻王。」

那兩個小鬼被他說動了，就答應了。這個法師以他平常的德行，一上座就萬念放下了，廟也不修了，什麼都不幹了，三天以後，無我相，無人相，無眾生相，什麼都沒有，一片光明。

這兩個小鬼第七天來了，看見一片光明卻找不到法師。完了，上當了！這兩個小鬼說：「大和尚你總要慈悲呀！說話要有信用，你說要度我們兩個，不然我們回到地府去要坐牢啊！」法師大定了，沒有聽見，也不管。兩個小鬼就商量，怎麼辦呢？只見這個光裡還有一點黑影。有辦法了！這個法師還有一點不了道，還有一點烏的，那是不了之處。

因為這位法師功德大，皇帝聘他為國師，送給他一個紫金鉢盂和一件金縷袈裟。這個法師什麼都無所謂，但很喜歡這個紫金鉢盂，連打坐也端在手上，萬緣放下，只有鉢盂還拿著。

兩個小鬼看出來了，他什麼都沒有了，只這一點貪還在。於是兩個小鬼就變成老鼠，去咬這個鉢盂。老鼠一咬，法師動念了，一動念，光沒有了，就現出身來，兩個小鬼立刻把手銬給法師銬上。

法師很奇怪，以為自己沒有得道，於是小鬼說明了經過。法師聽了，把紫金鉢盂往地上一摔，說道：「好了！我跟你們一起見閻王去吧！」這一下，兩個小鬼也開悟了。

法師正是因為沒有戒除對紫金鉢盂的貪念，才會讓小鬼得逞。佛說貪、嗔、癡為人生三毒，是眾生業障的根本。妒忌、殘害等心理都是隨三毒而來的無名煩惱。在這三毒之中，貪為第一毒，貪婪使人們短視、氣度狹小。人要想擁有純樸寧靜的心靈，過不負累的人生，首先就要驅除貪念。

中國有句古話：知足常樂。做人一定要知道滿足，不可貪得無厭。捨去了貪心，人生才能沒有負累，才會豁然開朗；捨去了貪心，我們才能明白，簡單就是生命中最大的厚禮。

不貪不執的清淨心

人們在任何時候都需要保持一顆清淨的心。

清淨心，即無垢無染、無貪無嗔、無癡無惱、無怨無憂、無繫無縛的空靈自在、湛寂明澈的純淨妙心，也就是離煩惱之迷惘，即般若之明淨，止暗昧之沉淪，登菩提之逍遙。

有了清淨心，就能忍耐一切失意事，遇到快樂的事也能淡然視之；得到榮耀和上天的恩寵，能保持平和之心，受到怨恨也能安然對待；煩惱和憂心之事到來時，能平靜處之，憂愁和悲傷也能儘快平復。清淨心能夠提升人的境界，如果能清除妄心，回歸真心，那麼學佛的人就能修成正果；普通人也能除去煩惱，自在逍遙。

佛陀帶領阿難及眾多弟子周遊列國，一日，他們朝著一座城市行進。那位城主早已耳聞佛陀的事蹟，擔心佛陀到城裡後，會使得所有的人都皈依佛門，自己將來就無法受人敬重了，於是下令：「若有人敢供養佛陀，就要交五百錢稅金。」

佛陀進城後，就帶著阿難去托缽，居民因擔心交沉重的稅金而不敢出來供養佛陀。當佛陀托著空缽準備出城時，一位老傭人正端著一碗腐爛的食物出門，準備將之丟棄，然而，當她看到佛陀莊嚴的姿態、大放光明的金身及眉宇間散發的慈悲與安詳時，心裡非常感動。

這位老傭人頓時生出景仰的清淨心，想要供養佛陀一些美味佳餚，但她因一貧如洗而無法如願，心中既難過又慚愧，只好告訴佛陀說：「我很想設齋供養您，但我什麼也沒有，只剩手上這碗粗糙的食物，若佛陀您不嫌棄，就請收下吧！」佛陀看出她的虔敬以及供養的清淨心，就毫不猶豫地收下了她供養的食物。

佛陀對阿難說：「這位老傭人因為剛才的佈施，在往後的十五劫中，她將到天上享福，不墮入惡道中。之後，她會投生為男子，並且出家修行，成為辟支佛，證到無上涅槃，受大快樂。」

這時，有個人看到這樣的情形，就對佛陀說：「用這樣不淨的食物佈施，竟可得到如此的果報，怎麼可能呢？」

佛陀於是問他：「你可看過世間有什麼罕見的情形？」

那人回答：「有啊！我曾經親眼看見一棵大樹，居然能遮蔽住有五百輛車的車隊，那樹蔭大得簡直沒有盡處，這可說是稀有的吧！」

佛陀說：「這棵樹的種子有多大呢？」

那人回答：「大概就只有一般種子的三分之一大而已。」

佛陀說：「誰會相信你說的話呢？那樣一棵罕見的大樹，竟然是由如此微小的種子所孕育出來的。」

那人緊張地反駁說：「是真的呀！我沒有騙人，因為那是我親眼所見的。」

佛陀告訴這個人：「那位充滿清淨心佈施的老傭人，最後得到大福報，這和你遇到的情形不是一樣嗎？樹的種子如此微小，卻有極大的果報。更何況，如來已證得最圓滿的果位，福田是如此豐盈，這樣的事不是不可能的。」

這個人聽了豁然開朗，趕緊頂禮佛陀，懺悔自己的愚癡過失。佛陀歡喜地接受此人的懺悔，並慈悲地為他開示。由於一心聽法的緣故，此人即證得初果羅漢。證果的他歡喜地舉起雙手，向大家呼喊道：「各位，甘露的門打開了，為何大家不趕快出來啊？」

城裡的居民紛紛繳納了五百錢稅金，蜂擁至佛陀面前，歡迎佛陀，表示願意供養佛陀，並異口同聲地說：「若能得到甘露佛語，那五百錢又算得了什麼！」

當所有的居民全都出來供養佛陀後，城主的那道命令也就顯得無效了。後來，城主也懺悔自己的過失，和大眾一起同獲清淨的心。

「清淨心植眾德本」，一切功德皆從清淨心中來。正如故事中的老傭人一樣，抱持一顆清淨心佈施，即使只是一碗腐爛的食物，也能得到福報。

在現實生活中，我們也需要抱持一顆清淨的心。無論生活、工作還是學習，都應做到內心清淨。清淨並不是空，並不是什麼也不想，而是無論好壞，都不放在心上。做再多的好事，取得再大的成就，都不往心裡去；同樣，遇再多的挫折，受多大的打擊，也不糾結於心。

不執著，不分別，不貪心，不妄想，心就清淨。清淨心裡生歡喜，這種歡喜不是從外界來的，而是由內心萌生出來，是真正的歡喜，不會隨外物而變。

在緊張忙碌的日子裡，拿出小小的空閒為自己淨心，片刻的淨心會帶來片刻的安寧，無數個片刻積累起來，人就獲得了一份悠然自得的心情，整個身心也能達到和諧的狀態。從片刻安寧到身心和諧，又何嘗不是一粒種子長成參天大樹的過程？

第九章 寬忍

能讓能忍，把傾斜的世界在心頭放平

滅嗔心是修行的必經之路，如果能滅嗔心，就能修行一切善法。當嗔心的火熄滅時，對他人會生起慈悲心，會以關懷、原諒、同情的心對待他人；當嗔心消滅時，對一切事物的決斷，會以純客觀的智慧來處理，從而化解一切麻煩的問題。所以說，一旦嗔心滅了，一切善法也就生了。

忍是心的雕刻刀

人人都知道「忍字頭上一把刀」，「忍」是一件讓人很難受的事情，脾氣再好的人也有「眼裡進不得沙」的時候。然而「小不忍則亂大謀」，一個能忍耐的人才算有大能耐。小小一個「忍」字，是人一輩子的修行。

忍最基本的是耐心，無論做什麼事情，都要有耐心。當年翻譯經卷的法師，看到中國人有一種倔強的個性——忍，中國人什麼都可以忍，連殺頭也沒有關係，只有侮辱不可以忍，因此，翻譯經卷的法師就將這一名詞譯作忍辱。辱都能忍，那還有什麼不能忍的呢？所以，忍辱是專對中國人倔強的個性翻譯的，它原來的字義只是「忍耐」，沒有辱的意思。其用意是告訴我們做小事情要有小的耐心，做大事情要有大的耐心。《金剛經》告訴我們：「一切法得成於忍。」沒有忍耐，什麼事情都不能成功。

忍耐是一種無畏的力量，就像水一樣。水是忍耐的，但流水的力量最大，洪水氾濫，沖壩決堤，水滴石穿，水可以磨圓石棱。

山裡有座寺廟，廟裡有尊銅鑄的大佛和一口大鐘。每天大鐘都要承受幾百次的撞擊，發出哀鳴，而大佛每天都坐在那裡，接受千千萬萬人的頂禮膜拜。

一天深夜，大鐘向大佛提出抗議，說：「你我都是銅鑄的，你高高在上，每天都有人向你獻花供果、燒香奉茶，甚至對你頂禮膜拜。但每當有人拜你之時，我就要挨打，這太不公平了吧！」

大佛聽後思索了一會兒，微微一笑，然後安慰大鐘說：「大鐘啊，你也不必豔羨我。你知道嗎？當初我被工匠製造時，一棒一棒地捶打，一刀一刀地雕琢，歷經刀山火海的痛楚，日夜忍耐如雨點般落下的刀錘……千錘百煉才鑄成佛的眼耳鼻身。我的苦難，你不曾忍受，我走過難忍能忍的苦行，才會坐在這裡，接受鮮花的供養和人類的禮拜！而你，別人只在你身上輕輕敲打一下，就忍受不了，痛得不停喊叫！」

大鐘聽後，若有所思。

忍受痛苦的雕琢和捶打之後，大佛才成為大佛，鐘的那點捶打之苦又算得了什麼呢？忍耐與痛苦總是相隨相伴，而這樣的經歷，往往能夠將人導向幸福的彼岸。真正的忍耐不僅在臉上、口上，更在心上，根本不需要忍耐，而是自然就如此，是不需要力氣、絲毫不勉強的忍耐。人要活著，必須以忍處世，不但要忍窮、忍苦、忍難、忍飢、忍冷、忍熱、忍氣，還要忍富、忍樂、忍利、忍譽，以忍為慧力，以忍為氣力，以忍為動力，還要發揮忍的生命力。

無邊的罪過，在於一個嗔字；無量的功德，在於一個忍字。忍，歷來是中國文化的美德之一；忍，也是佛教認為最大的德行。充實的生命，幸福的人生，需要能夠忍受寂寞，忍受他人的惡意羞辱，忍受生活的磨煉，在忍耐中堅強，在堅強中成長。等到我們終成大器時，才會發現忍字頭上這把刀，原來是把最好的雕刻刀。

心不嫉，身無疾

嫉妒心是美好生活中的毒瘤，是修行者悲心與慧命的絆腳石。自己得不到，心中就好像有一股酸酸的味道，這便是放不下心，是嫉妒心。嫉妒別人是一種難受的滋味，雖然明白自己可能永遠得不到對方的成果和美譽，嘴上卻不肯承認，還試圖從對對方的藐視或者打擊中獲得平衡，這種嫉妒心理百害而無一利。

嫉妒像用冰凌磨製而成的冷箭，只在暗處偷襲，而不敢在陽光下發射；嫉妒是由陰謀捆綁而成的棍棒，只能在潛伏中抽打別人的影子，而從不能擺到檯面上。

在嫉妒這種疾病面前，很多人成了病人，不論家世地位，不論出身背景，很多人躲不開這種疾病的侵襲。

佛經中記載了這樣一則故事：

在遠古時代，摩伽陀國有一位國王飼養了一群象。象群中，有一頭象長得很特殊，全身白皙，毛柔細光滑。後來，國王將這頭象交給一位馴象師照顧。這位馴象師不只照顧牠的生活起居，還很用心地教牠。這頭白象十分聰明、善解人意，一段時間之後，馴象師與象已建立了良好的默契。

有一年，這個國家舉行大慶典。國王打算騎白象去觀禮，於是馴象師將白象清洗、裝扮了一番，在牠的背上披上一條白毯子後，交給國王。

國王在一些官員的陪同下，騎著白象進城看慶典。由於這頭白象實在太漂亮了，民眾都圍攏過來，一邊讚歎一邊高喊著：「象王！象王！」這時，騎在象背上的國王覺得所有的光彩都被這頭白象搶走了，心裡十分生氣、嫉妒。他很快地繞完一圈，然後不悅地返回王宮。

一回王宮，他就問馴象師：「這頭白象，有沒有什麼特殊的技藝？」馴象師問國王：「不知道國王您指的是哪方面？」國王說：「牠能不能在懸崖邊展現它的技藝呢？」馴象師說：「應該可以。」國王就說：「好。那明天就讓牠在波羅奈國和摩伽陀國相鄰的懸崖上表演。」

隔天，馴象師依約把白象帶到那處懸崖。國王就說：「這頭白象能以三隻腳站立在懸崖邊嗎？」馴象師說：「這簡單。」他騎上象背，對白象說：「來，用三隻腳站立。」果然，白象立刻就縮起一隻腳。國王又說：「牠能兩腳懸空，只用兩腳站立嗎？」「可以。」馴象師叫白象縮起兩腳，牠很聽話地照做了。國王接著又說：「牠能不能三腳懸空，只用一腳站立？」

馴象師一聽，明白國王存心要置白象於死地，就對白象說：「你這次要小心一點，縮起三隻腳，用一隻腳站立。」白象也很謹慎地照做了。圍觀的民眾看了，熱烈地為白象鼓掌、喝彩！國王愈想心裡愈不平衡，就對馴象師說：「牠能把後腳也縮起，全身飛過懸崖嗎？」

這時，馴象師悄悄對白象說：「國王存心要你的命，我們在這裡會很危險，你就騰空飛到對面的懸崖上吧！」不可思議的是，這頭白象竟然真的把後腳懸空，飛了起來，載著馴象師飛越懸崖，進入波羅奈國。

波羅奈國的人民看到白象飛來，全城都歡呼起來。波羅奈國的國王很高興地問馴象師：「你從哪兒來？為何會騎著白象來到我的國家？」馴象師便將事情經過一一告訴國王。國王聽完之後，歎道：「人的心胸為什麼連一頭象都容納不下呢？」

嫉妒是一種危險的情緒，它源於人對卓越的渴望與心胸的狹窄。嫉妒可以使天才落入流言、惡意和唾液編織而成的網中被絞殺，也可能令智者陷入個人與他人利益的衝撞中而尋不到出路。它不但損害他人，也毀滅嫉妒著自己。

產生了嫉妒心理並不可怕，關鍵要看你能不能正視嫉妒，並將其轉化為動力。與其讓嫉妒啃噬自己的內心，不如昇華它，把它轉化為動力，化消極為積極，做一個「心隨朗月高，志與秋霜潔」，虛懷若谷、包容萬千的人。

和你的憤怒締一個約

在貪、嗔、癡、疑、慢五毒中，「嗔」是煩惱毒的根源，所謂「一念嗔心起，八萬障門開。」

生活中，很多人一旦心中有嗔、有怨、有恨，面色、言行上很快就會有所顯露。修行之人要得心安，一定要把嗔心除掉。有些人沒有表現貪欲，但嗔心很重。他不求名利、權勢，也不想追求男色、女色，但對很多事情、很多人都看不順眼。既然對任何事都怨憤不平，對任何人都採取對立的心態，心中哪還能安定？不如趁早和自己心裡的憤怒締結一個和平的契約吧！

在生活的旅途中，每個人都難免與周圍的人有不同程度的磕磕碰碰，因這樣的小事而起嗔心，不僅自己會鑽進一個死胡同，影響與他人的關係，而且我們也會因此少很多快樂。我們要學會記住一些美好的東西，忘卻自己的不滿之心，如此便能活得自在、輕鬆，更能坦然地面對旅途中的風風雨雨。

一個人若能夠妥善安頓好自己心裡的嗔、恨、憤、怒，時刻提醒自己以一顆寬容心對己對人，以一份豁達的心境面對周圍的人與事，那麼，這個人就能夠除去很多煩惱，保持一顆寧靜的心。佈施心讓人變得更加堅強，寬容心讓人更加柔韌。堅忍是一種特質，像水一樣，刀劍斬不斷，繩索縛不住，牢籠困不得，卻能穿石。

滅嗔心是修行的必經之路，如果能滅嗔心，就能修行一切善法。當嗔心的火熄滅時，對他人會生起慈悲心，會以關懷、原諒、同情的心對待他人；當嗔心消滅時，對一切事物的決斷，會以純客觀的智慧來處理，從而化解一切麻煩的問題。所以說，一旦嗔心滅了，一切善法也就生了。

眾生在修行之時要學會以豁達的心胸待人處世，不因人之犯己而動氣，以祥和慈悲的態度面對一切事、一切人，能夠在世事面前如流水一樣，可方可圓、順其自然，過幸福的人生。

先做牛馬，再做龍象

西方有這樣一首民謠：丟失一枚釘子，壞了一隻蹄鐵；壞了一隻蹄鐵，折了一匹戰馬；折了一匹戰馬，傷了一位騎士；傷了一位騎士，輸了一場戰鬥；輸了一場戰鬥，亡了一個帝國。

一枚小小的釘子，本來微乎其微，卻決定了一個帝國的生死存亡。生活中小小的細節往往能夠決定許多重大事情的成敗。從微小處開始精心打磨，是向成功之路邁出的第一步。

佛教經典中說：「欲為諸佛龍象，先做眾生牛馬。」龍像是神佛的乘騎，牛馬則是凡人的奴僕，雖然同是服務於人，但境界大不相同。

這句佛語箴言也道出一個處世真諦：與其常常抬頭仰望光環炫日的大人物，

不如踏踏實實地從眾生牛馬做起。攀爬是徐徐上升的軌跡，即使有時候速度不盡如人意，但是經過長年累月的積累，也必然能促進人的提升與完善。

俗話說，「玉不琢不成器」，也說明了這個道理。

雖然每個人心中都有一個成為龍象的願望，但是從牛馬做起，從低處做起，從細節做起，才會距離事業的巔峰更近一步。

一天黎明，佛陀進城，看見一名男子，向東方、南方、西方、北方禮拜著。

佛陀問他：「你為什麼這樣做啊？」

那個男子說：「我叫善生，每天向各方禮拜，是家族傳下來的習慣。據說這樣做會得到幸福。」

佛陀說：「我也有六種禮敬的方法。」

接著，佛陀慈祥地說了活得幸福的方法：「第一，孝順父母，做兒女的要孝養、順從自己的父母，令父母歡喜、安慰；第二，敬重師長，做學生的要敬重師長，接受教導；第三，愛護妻子，做一個好助手，夫妻要互相敬愛；第四，善待朋友，對待朋友要誠實、互敬；第五，尊敬僧眾，對待僧人要佈施、恭敬；第六，善待僕人，對待僕人要寬大，不要令他過於疲勞。這六種人是我們生活中的人物，和他們相處得融洽，會有快樂的家庭、美滿的人生。否則，只是禮拜各方，又有什麼用呢？」

善生聽了十分高興，從此參禪悟道，心中的幸福感日益增強。

佛陀所說的獲得幸福的方法其實很簡單，但是，這種簡簡單單的做人方法，世間眾生誰能夠完完全全地照做呢？

神照本如禪師曾作過一首禪詩：「處處逢歸路，頭頭達故鄉。本來現成事，何必待思量。」當我們忽視了身邊很多現有的小事時，又怎麼能夠奢望生活給予我們更多的恩賜呢？

先學做人，再學做佛，這是世間不變的真理；先做牛馬，再做龍象，這也是顛撲不破的道理。

有辱能忍，才能隨意屈伸

《佛說二十四章經》記載，沙門問佛陀：「什麼人的力量強大？」佛陀回答說：「忍辱的人力量強大。」

這個世界是不圓滿的，不圓滿就會有不如意，不如意就會有辱。在佛家看來，一切不如意就是辱，一切痛苦就是辱。誰都有辱，除了釋迦牟尼佛。因此，忍辱是消除煩惱、獲得快樂的絕佳方法，它是一種大度，是自我意志的磨煉，是一種自信心的表現，是一種成熟人性的自我完善，更是一種處世策略。

在中外歷史上，為了實現理想，最能忍的要數春秋時的越王勾踐。為了復國報仇，他以曾經的帝王之軀，屈膝為奴。

周敬王二十七年（前四九三年），越國被吳國打敗，吳王夫差同意了越國的求和請求，但提出要越王勾踐夫妻去吳國做人質。為了生存，更為了日後的復國大計，勾踐遵照夫差的要求，前往吳國當人質。

到了吳國以後，勾踐住低矮的石屋，吃糠皮和野菜，穿著連身體都遮不住的粗布衣裳，每天像奴隸一樣，勤勤懇懇地打柴、洗衣、養豬，毫無怨言。

一天，勾踐聽說夫差生病了，就向太宰伯請求探望。伯奏請夫差，獲得准許後，帶著勾踐來到夫差的病榻前。勾踐一見到夫差，就趕緊伏地而跪，說：「聽說大王病了，我心中萬分著急，特意奏請前來探望。大王對我恩寵有加，我略懂一些醫術，可以為大王診斷病情，希望得到大王的允許，也可借此表我的效忠之心。」這時，正趕上夫差如廁，勾踐等人都退到屋外，再次回到屋內時，勾踐拿起夫差的糞便，放進嘴裡仔細品味。品嘗後，勾踐伏地稱賀：「大王的病就要痊癒了。我剛才嘗出大王的糞便是苦味，這預示您的病情要好轉了。」

夫差很感動，當即表示：病好後便送勾踐回國。

就這樣，勾踐以驚人的毅力和忍勁，忍耐了三年的屈辱折磨，嘗盡亡國之君的種種辛酸，終於得以返回越國。回去後，勾踐勵精圖治，最終打敗吳國。

生活中，我們很少遇到勾踐那樣的大「辱」，然而小「辱」往往時有發生，我們應該如何去做呢？人生在世，總得有點追求。無論身處多深的苦難中，只要找到生存的意義，找到可以為之奮鬥的目標，樹立自己的理想，再大的困難也無法將你擊倒。

為人處世，參透屈伸之道，自能進退得宜，剛柔並濟，無往不利。能屈能伸，屈是能量的積聚，伸是積聚後的釋放；屈是伸的準備和積蓄，伸是屈的志向和目的；屈是充實自己，伸是展示自己；屈是柔，伸是剛；屈是一種氣度，伸是一種魄力。伸後能屈，需要大智；屈後能伸，需要大勇。屈有多種，並非都是胯下之辱；伸亦多樣，並不一定叱吒風雲。屈中有伸，伸時念屈；屈伸有度，剛柔並濟。人生有起有伏，當能屈能伸。起，就起他個直上雲霄；伏，就伏他個如龍在淵；屈，就屈他個不露痕跡；伸，就伸他個清澈見底。這是多麼奇妙、痛快、瀟灑的情境啊！

彎腰不是卑微，而是成熟

現實中，人們總會在一些事情上不經意表現出些許驕傲、自負，有幾個人能把「彎腰」與「低頭」的智慧牢牢記在心裡呢？

真正有學問、有能力的人，明明自己的修養與知識都在其他人之上，但是他每次總是謙虛地向別人請教，真正做到了「不恥下問」。曾經有人問柏拉圖：「像您這樣的大哲學家為什麼還要那麼謙虛呢？」柏拉圖說：「據我所知，人的知識就像一個圓圈，圓圈裡面的是你已經知道的知識，圓圈外面代表的是你未知的知識。圓圈越大的人越會發現自己的知識不足。」這一點就像我們說的：越是成熟的稻穗越是往下彎腰，一個人越是成熟，他的態度就越是謙卑，但這並不表示他就是卑微的。

隱峰禪師跟從馬祖禪師學道三年，自以為得道，於是有些得意起來。他備好行裝，挺起胸脯，辭別馬祖，準備到石頭禪師處一試禪道。

馬祖禪師看出隱峰有些心浮氣躁，決定讓他碰一回釘子，從失敗中獲得經驗教訓，臨行前特意提醒他：「小心啊，石頭路滑。」這話一語雙關：一是說山高路滑，小心被石頭絆了栽跟頭；二是說那石頭禪師機鋒了得，弄不好就會碰壁。

隱峰卻不以為然，揚長而去。他一路興高采烈，並未栽什麼跟頭，不禁更加得意。一到石頭禪師處，隱峰就繞著法座走了一圈，並且得意地問道：「你的宗旨是什麼？」石頭禪師連看都不看他一眼，兩眼朝上回答道：「蒼天！蒼天！」（禪師們經常用蒼天來表示自性的虛空。）隱峰無話可對，他知道「石頭」的厲害了，這才想起馬祖禪師說過的話，於是重新回到馬祖處。

馬祖禪師聽了事情的始末，告訴隱峰：「你再去問，等他再說『蒼天』，你就『噓噓』兩聲。」石頭禪師用「蒼天」來代表虛空，到底還有文字，可這「噓噓」兩聲，不沾文字！真是妙哉！隱峰彷佛得了法寶，欣然上路。

他這次滿懷信心，以為天衣無縫，還是做同樣的動作，問了同樣的問題，豈料石頭禪師卻先朝他「噓噓」兩聲，這讓他措手不及。他待在那裡，不得其解：怎麼自己還沒噓出聲，就被噎了回來？

這次他沒有了當初的傲慢，喪氣而歸。他畢恭畢敬地站在馬祖禪師面前，聽從教誨。馬祖禪師點著他的腦門說：「我早就對你說過，『石頭路滑』嘛！」

「謙虛使人進步，驕傲使人落後。」這是再簡單不過的道理，可連得道禪師都難免有自滿的時候，我們普通人就更要時時自省了。人外有人，天外有天。做事應當謙虛認真，不要滿足於現狀；處事要耐心謹慎，不能心浮氣躁。你只有將自己的姿態放低，才能從別人那裡學到智慧，從而豐富完滿自己的人生。

別再恥於低下頭顱，彎下腰桿，你要明白，那壓彎我們腰桿的並不是外界的金錢權勢，而是我們自己成熟的智慧。

寬容無法改變過去，卻能改變未來

但凡真正的大人物，都有相當廣闊的胸襟；斤斤計較之輩，一般難有太大的成就。佛家常勸誡人們以包容的心態看待他人，看待世界。一顆包容之心，既蘊含著善良的心意，又是智慧的體現。當包容心漸起的時候，人的自我觀念就會減少，人就會以一顆菩提心提升自我，關照他人。

以包容的胸襟待人處世，既是禪修者修禪時必經的心路歷程，也是我們每個人都應該具有的一種生活態度。人只有具備「海納百川，有容乃大」的博大氣魄，才能夠束縛自己內心不安分的念頭，平心靜氣地學習他人的長處，彌補自己的短處，充實自我，成就自我。

俗話說「宰相肚裡能撐船」，想做一個能成大事的人，必須具備一顆包容之心。只有處處為別人著想、包容別人，才會得到更多人的理解和支持，夢想才更容易實現。

一位將軍設下一桌素食宴請當地的一名得道高僧，想和他探討人生。

高僧帶著自己的徒弟前去赴宴。餐桌上擺滿了美味的素肴，但是，吃飯期間，高僧的小徒弟發現一盤菜裡面竟然藏了一塊肥肉。徒弟拿起筷子，故意把肉翻到菜的上面，想引起將軍的注意。高僧見此也拿起筷子，不動聲色地把肉又藏回碗底。小徒弟糊塗了，沒有弄明白師父的意圖。

過了一會兒，徒弟又把肉翻了出來。高僧見狀，再次巧妙地蓋住了肉。兩人一翻一遮反復了好幾次，高僧見弟子還是不懂他的意思，便湊到他的耳邊，輕聲說道：「要想顧及師徒情分的話，就不要再把肉翻出來了。」

小徒弟聽了這話，斷然不敢再去翻那塊肉，整個宴席也就相安無事地結束了。

在回去的途中，小徒弟壯起膽子問高僧：「師父，為什麼你不讓我把肉翻出來讓將軍看到呢？明明知道我們只吃素，卻夾了一塊肥肉在其中，廚師肯定是故意的，就算不是故意的，他也犯錯了，應該讓將軍處罰他。」

高僧說：「只是一塊肉而已，要是剛才將軍看到了，萬一他一怒之下殺了廚師，或是給了廚師另外的處罰，我們豈不是這造孽的根源？我跟你說過，修行要以慈悲為懷。沒有人是完美的，再厲害的人也會有犯錯的時候。不管他是有意還是無意，我們要做的不是讓事情變得更壞，而是儘量讓事情變得更好！」

每個人都有小毛病，可能還會犯點小錯誤，這都是很正常的。盡可能原諒他人不經意間的冒犯，這是一種重要的生活智慧。那些無關大局之事，沒必要錙銖必較，當忍則忍，當讓則讓。要知道，對他人寬容大度，是製造向心效應的一種手段。

寬容是智慧的，真正懂得寬容的人，能夠避免一些爭端，也能夠安撫他人的心靈，平靜自己的性情。也許寬容並不能讓你的昨天完美，但它可以讓你的明天完滿。

第十章 博愛

我為人人，愛是恒久的富源

愛要有所克制，毀滅他人、毀滅自己、毀滅生命的愛，
並不是通往幸福的愛，而是充滿痛苦的愛。
在自己感覺幸福的時刻，就要認真享受它，
這樣才能在情愛適度的狀態下平靜生活，不起煩惱。

愛是什麼：百分之百的忠誠，百分之百的容忍

在很久以前，有一個富有的婆羅門娶了一個非常美麗的妻子，妻子名叫蓮花。蓮花不僅人長得美麗，性格也很溫順，可以說賢良淑德樣樣齊全。

但婆羅門不是個安分的男人，時間久了，便喜新厭舊，在外面結識了另一個美麗的女人，並且費盡心機地趕走了蓮花。

國王在偶然的機會下救了蓮花，對蓮花愛慕已久的他便向她表明了愛意，蓮花於是嫁給國王並成為王后。

而婆羅門與那女子花天酒地，胡作非為，家中的財產都被敗光了。後來婆羅門聽說王后精於賭博，常與人賭博爭彩，心想自己賭博技術很高明，如果能贏王后，就可以弄到一大筆錢。

婆羅門見到王后，才知道王后就是蓮花。婆羅門心中很是後悔，於是幾次接近蓮花，花言巧語想博取蓮花的同情，但蓮花痛罵婆羅門無情無義。最後，婆羅門輸得一乾二淨，傾家蕩產，只好離開王宮。人們知道這件事後，都說是善有善報，惡有惡報。

婆羅門因花心而拋棄妻子，造了孽，自然要償還，這是佛教裡的因果報應。這個故事其實也從另一個角度說明夫妻間的情感要保持忠誠，才能營造一個祥和持久的婚姻，度過各種情感危機。

佛祖說得好：「當你感覺你愛它時，你用心去看就覺得它最亮；當你把它放回原處，卻找不到一點最亮的感覺，你這種所謂的真愛也不過是鏡花水月。」

生活中，人們不斷邂逅、不斷離開，很多人剛剛下定決心，又被後來的繁華迷惑雙眼，拋棄了承諾，拋棄了誓言，上演了一幕幕「只見新人笑，不見舊人哭」的婚姻悲劇。

然而，愛情不是因為多情而顯得偉大，而是因為純真和唯一而受世人追捧。

要想使婚姻生活美滿幸福，夫妻彼此必須忠貞。

有位女士家境非常富裕，從年輕的時候開始就非常注重生活情趣。結婚以後，這位女士有了自己的連鎖咖啡店，她的先生也有了自己的公司。但是，她內心並不快樂，因為先生總是出差，不再像以前那樣對她關心呵護。

後來她信了佛教，經常接觸佛法。師父告訴她，每天都保持微笑，見到丈夫要保持愉悅的心情，自然就能重拾婚姻的美好。每次丈夫回家，這位女士都對丈夫展顏微笑，噓寒問暖；每當丈夫發脾氣時，她便輕聲細語地勸慰。果然，她和先生漸漸重拾當年的溫情，過得非常幸福。

人們常說，細水長流的感情更能持久，如煙花般絢爛的激情會隨時間流逝而消失。一直平衡和睦的婚戀生活比前期轟轟烈烈、後期爭吵不斷的婚戀生活要珍貴而有價值得多。

一個美滿的家庭需要和諧，需要夫妻之間和睦相處。和睦相處的要訣包括下面幾點：

一、愛護對方，互相尊重。

二、以智慧處理是非。不同的人總有不同的性格和觀念，夫妻之間也是如此。由於性格差異或觀念衝突，很容易產生矛盾，這時就需要恰當處理矛盾的智慧：要做到不聽是非，不說是非，不傳是非，不讓是非成為影響夫妻關係的絆腳石。

三、持恭敬之心相處。

四、不吝讚美，營造溫馨的家庭氣氛。

五、遇煩惱不抱怨，多寬慰。

六、不隱瞞，不欺騙。

成功的婚姻不是靠激情維持的，因為激情過去後，人的新鮮感就會消失，對婚姻的忠貞程度會迅速下降。有些人的婚姻生活之所以人人豔羨，是因為他們有愛的能力，懂得彼此容忍和契合的重要性。

接納愛的本來面目

人的身體會變化，會老去，情感也會在泗渡時間的過程中漸漸產生變化。因而，不能接受人事變遷、不能容忍愛人的種種毛病，這樣的愛情就不牢靠；唯有包容真愛的不完美、包容所愛之人的不完美，我們才能找到幸福之路。

阿難是佛祖的侍從，但也有受到蠱惑的時候。

有一次，阿難托缽四處化緣，一直沒有化到飯食，連水都沒有。就在這時，前方出現了一口井，阿難便上前打水，一個女子也在井邊提水。那女子看到阿難，眼前一亮，心想：「如此俊美的比丘，真是寶相莊嚴，令人好生歡喜。」女子頓時愛上了阿難。

這女子叫摩登伽女，生得非常漂亮，她有意勾引阿難，千方百計地施展自己的魅力，希望引阿難破戒，即使因此造了業障也不後悔。

三番五次下來，阿難受不了蠱惑，就隨摩登伽女回家，二人眼看就要破了色戒。就在此時，佛陀有所感應，知道阿難必要蒙受此色相劫難，於是派文殊菩薩去救阿難。文殊菩薩念了楞嚴咒，驚醒了阿難。

阿難清醒過來，急忙推開摩登伽女，暗叫罪過，回到佛陀身邊懺悔。

摩登伽女卻因愛阿難心切，追到佛陀的精舍，希望佛陀成全她和阿難。

佛陀微笑道：「你真的很愛阿難嗎？」

摩登伽女點頭道：「當然！」

佛陀點頭說：「既然如此，我成全你們，但是你必須經過考驗才可以。」於是佛陀吩咐弟子將阿難沐浴之後的水端了過來，說：「這是阿難沐浴的水，你將這水喝下去，我就相信你愛阿難。」

摩登伽女看到洗澡水，眉頭大皺：「這麼髒的水，我怎麼能喝呢？您是存心為難我啊。」

佛陀搖頭說：「你不是說你愛阿難嗎？既然愛他，為什麼連他的洗澡水都不能喝？人生下來之後，受世間一切惡業的薰染，身體本來就是髒的。如今阿難健健康康，你就嫌他髒，等他老了，身體腐敗，氣體虛弱，你豈不是更要嫌棄他了？」

任何愛情都不可能完美，任何結合都並非無可挑剔。男女之間從相愛到結合，從始至終都是一個磨合的過程，中間有磕磕絆絆，有爭執吵鬧，也會在相處過程中逐漸發現彼此的缺陷，如果不能接受對方的不完美，一味苛求對方，苛求一份完美無缺的愛，那麼，愛情很容易消逝，而且彼此心裡都會留下不能填補的裂痕。

婚姻是愛情的歸宿，同時也是一生相守的承諾。結婚時要認清愛情和婚姻中存在種種不完美。男人在結婚的時候需要想清楚，自己愛的是對方的模樣還是品行；女人在結婚的時候也要想清楚，追求的是一時激情，還是永恆的廝守。如果只是一晌貪歡，不如趁早放手。如果愛的是彼此之間的舉手投足的默契，憐惜對方每個不完美的瞬間，那麼，婚姻便是一種理性而清醒的選擇。

不為世俗的眼光所動，注重心靈的交會，這樣的婚姻才是最美好、最堅固的，才能禁受住歲月的洗禮。為愛堅守，忠貞不渝，任風吹雨打也不動搖，縱時光如刃，切割彼此的容貌，消磨彼此的激情，愛也能保持恒久。

不要害怕去愛：斬斷你的猶豫與怯懦

愛情不是靠一個人維持的，愛的付出是相互的。時常向對方表達自己的愛慕與關心，常常為愛情的燈注入新的燈油，愛情才能迸發出歡快而明亮的火花。

西方有位聖人說過，猶豫和怯懦是愛情的大敵，當愛來臨時，請勇敢地表達自己的心意，否則就會白白浪費機遇。錯過這一次，或許就沒有再次相遇的機會。古人說「莫待無花空折枝」，默默地等待固然美好，但韶華易逝，時不我待，最終只會空餘遺恨。

沒有人會單方面而無底線地付出，愛情是一種緣分，需要兩個人共同珍惜、呵護，只有索取的愛情是不能長久的，想要維持愛情的甜蜜，就請珍惜對方的付出，也請為對方付出你的真心。

一位悲傷的少女求見燃燈禪師。

「禪師，我現在被感情之事困擾，痛不欲生，請您幫助我。」

「喔，可憐的孩子，什麼事情？」禪師說。

少女停頓了一下，憂傷地說：「我愛他，可是，我馬上就要失去他了。」少女幾欲流淚。

「請慢慢從頭說吧。」禪師慈祥地說。

「我與他深深相愛。他以他的熱情，每天用鮮花表達對我的愛，每天早上都會送我一束迷人的鮮花，每天晚上都會為我唱一首動聽的情歌。」

「這不是很好嗎？」禪師說。

「可是，最近一個月來，他有時幾天才送一束花，有時根本不為我唱歌。」

「問題出在哪兒呢？你對他的愛有回應嗎？」

「我發自內心地深深愛著他，但是，我從來沒有表露過我對他的愛，總是以冰冷的表情來掩飾內心的熱情。現在他對我的熱情也在慢慢逝去，我真怕有一天會失去他。禪師，我該怎麼辦？」

禪師聽完少女的訴說，從屋裡取出一盞油燈，沾了一點兒油，點燃了它。

「這是什麼？」少女問。

「油燈。」

「要它做什麼？」

「別說話，讓我們看著它燃燒吧。」禪師示意少女安靜。

燈芯燃燒著，冒出的火苗歡快而明亮，照亮了整個屋子。漸漸地，燈油越來越少，燈芯的火焰也越來越小，光線變弱了。

「呀！該添油了！」少女道。可是禪師示意少女不要動，任憑燈油燒乾，最後，連燈芯也燒焦了，火焰熄滅了，只留下一縷青煙在屋中繚繞。

少女看著那一縷青煙迷惑不解。

「愛情也像這油燈，當燈芯燒焦之後，火焰自然就會熄滅了。現在你應該知道要怎麼做了。」禪師說。

少女明白了：「我要去向他表白，我愛他，不能失去他。我要為我的愛情之燈添油。」少女謝過禪師，匆匆走了。

愛情是兩顆心的相互碰撞，單靠一方的努力，另外一方無所回應，愛情的火苗不會持續長久，愛情的花朵也不可能結出豐碩的果實。

尋找真愛既需要信念，也需要行動力。兩者體現在：

一、對真愛抱有堅定而執著的信念，要相信真愛總有一天會來臨。

二、要選擇適合自己的愛情，做到寧缺毋濫。不適合自己的愛情不僅不能給自己帶來幸福，反而會浪費自己的青春和感情，給自己造成傷害，使我們喪失對真愛的感悟力。最終，傷痕累累的我們可能沒有信心再去嘗試愛情，從而錯過真愛。

三、一旦捕捉到自己的真愛，就要勇敢說出來。不要讓羞怯或自尊阻止愛的表達，愛不能將就，更禁不起蹉跎和等待。

在尋找愛情的過程中，一旦遇到了命中注定的那個人，我們一定不要被猶豫和怯懦絆住腳步，不要害怕去愛，將愛人膽說出口，才能收穫幸福的愛情。

有情不是罪過，癡愛才生煩惱

七情六欲是人之常情，人們因此生出愛與恨、悲與苦，於是眾生之間便產生了聯繫，或和睦相處，或相互鬥爭。情就是人與人之間糾結的根源。

有句話說：「情不重，不生娑婆。」在佛教用語中，娑婆指堪於忍受諸苦惱而不肯出離，為三惡五趣雜會之所。這句話的意思是說，情重而生出各種各樣的人欲。正因如此，佛教裡才稱人為「有情眾生」，而佛也同樣深情對待世人，不惜損毀自身，普度眾生。

有情在所難免，有情，世間才有愛，才有博大的慈悲，可是情過重就會令人喪失冷靜和理智，從而造成不可挽回的惡果。

捨衛國有一富翁老來得子，當富翁和妻子雙雙離世之時，他們的孩子年紀還小，偌大的家產沒有幾年就被揮霍一空，最後富翁的孩子也流落街頭以乞討為生。

有一天，富翁的孩子在街上碰到了父親生前的一位好友，同樣也是有錢的長者。這位長者看到故人的孩子落到這般田地，心中不免有些悲涼，決定幫助他擺脫困境。長者把他帶回自己家中，分給他一份財產，還將自己的女兒許配給他。

由於從小懶散慣了，得到財產後的他又不善於打理，沒過多久，家財耗盡。長者看在眼裡，急在心中，為了不讓自己的女兒跟著受苦，就只好又給了他一筆錢。然而，他再一次把所有的錢都花光了。長者看到他這樣冥頑不靈，就想讓自己的女兒改嫁他人。

長者的女兒知道這個消息後，趕緊對丈夫說：「父親很疼我，他不想讓我跟著你吃苦，到時候逼我離開你不是沒有可能。一旦事情發生了，就沒有挽回的餘地，若你還顧念夫妻的情分，就趕緊想想辦法吧！」

他聽了妻子的話，慚愧不已，心想：雖然不懂得謀生，不會理財，父母離去也早，可是和妻子之間的感情倒是一種慰藉。如果連深愛的妻子都要被迫分開，那和死也沒有什麼區別了。

想到死，他腦子裡冒出了一個念頭：既然不能和妻子相守，那麼就一塊死去吧！於是他把妻子騙入臥房內，用尖刀刺死了妻子，隨後自己也自殺了。

長者知道後哀傷不已，趴在女兒的屍體旁不忍離去。這時，佛陀正好來到此處普度眾生，長者聞訊遂帶著一家老小前往參見佛陀，希望解除心中的悲傷和煩惱。

佛陀問長者為何而來？長者便一五一十地把事情告訴了佛陀。

佛陀聽後，說：「人常常會犯貪和嗔這樣的病，而愚蠢之徒更是會引發禍害。造此孽的人因而墮入三界五趣的深淵中永生不得自拔。有些更為愚蠢的人，到這個地步還不知悔改。這樣的貪欲殃及眾生，不僅僅是你的女兒和女婿。」

長者聽後，頓時醒悟，煩惱消除。

佛陀在這裡講的「貪欲」，特指對情的貪，也就是我們所說的癡情癡愛。

癡愛便是生死根，不拔其根難解脫；癡愛若能念念斷，心心彌陀全身現。世間一切情欲貪戀都是癡愛所造成的，癡情癡愛繫縛著人們，讓人不得解脫自在。情癡愈重，負擔就愈重，如商人伴少而貨多，又如牛負重行深泥中。遠離生死苦惱繫縛的根本，便是要以佛法的智慧光明破愚癡黑暗，才能最終解脫。

有情並不是罪過，對於凡俗的常人來說更是如此。但是人們如果面對各種各樣的情感時不知克制，不知揀擇，而是奢求更多，就會給自己帶來痛苦。

情愛要適度，恰到好處才能不生苦惱，獲得幸福。怎樣讓情感保持適當的溫度呢？

一、用理智淨化感情。

二、用慈悲昇華感情。

三、用理法規範感情。

四、用道德引導感情。

五、不執著於佔有感情。

六、時時不忘轉身，為感情留餘地。

七、要懂得適應情愛的變化，在變化中調整愛的方式。

八、要愛人，不要讓自己情緒化，不要讓愛成為恨的種子。愛要有所克制，毀滅他人、毀滅自己、毀滅生命的愛，並不是通往幸福的愛，而是充滿痛苦的愛。在自己感覺幸福的時刻，就要認真享受它，這樣才能在情愛適度的狀態下平靜生活，不起煩惱。

向前走的愛，向後退的愛

有人說，愛情都是激烈的，「愛過情殤，不如決絕。」可是，愛情畢竟只是一個十字路口，紅綠燈就在斑馬線的兩端。向前走，終身廝守固然好；向後退，瀟灑放手也未嘗不是一種明智的選擇。雙向的愛情才能開花結果，行走在愛情這條路上時，需要看清紅綠燈。

所謂「綠燈的愛」，就是一切符合道德和法律的正當的愛，佛教並不排除世俗的愛情。例如，在《善生經》及《玉耶女經》裡，佛陀告訴那些在家的信眾，什麼才是符合道德的愛情，甚至在《華嚴經》《維摩經》《寶積經》中也都強調倫理綱常、感情生活等。

「紅燈的愛」，是不合乎倫理道德、不合乎規律，不為社會所認同的愛。例如，沒有獲得對方同意，用各種手段一廂情願地追求，甚至逼迫對方順從。這種紅燈的愛，還有重婚、騙婚等行為，因為違反了法律，前途必定充滿危險。

真正的愛情，即使在情感濃烈的時候，也不應失去理智。雖然愛情常會令人變得盲目，但理智還是要存在於相愛之人的心中。如果愛得亂了方寸，失了方向，最後不知道該怎樣去愛對方，這樣的愛通常都是有問題的。

一位女施主哭哭啼啼地來到寺廟找禪師。

禪師問：「發生什麼事了？」

女施主傷心地說：「太壞了，太壞了，那個人太壞了！」

禪師安慰她，使她平靜下來。

冷靜下來後，女施主告訴了禪師事情的始末。

原來，她和一個男子相愛已經有一段時間了，而那個男子是有家室的。最近兩人的戀情被男子的妻子發現，女施主要求男子離婚，但男子不同意。

女施主抽噎著說：「我很愛他的，知道他有妻子卻還和他在一起。我讓他離開他的妻子和我在一起，可是他不願意。他為什麼那麼壞呢？不和他妻子分手，但還要和我在一起，他這是在玩弄我的感情。為什麼呢？」

女施主和她的愛人之間的感情本來就是不正當的愛，最終不會幸福。

人們都知道，愛情之火活躍、激烈、灼熱，但愛情也是一種變化無常的感情，它狂熱衝動，時高時低，忽冷忽熱，愛情的不定性常常讓人們失去理智。

愛是生命的意義，也是一種強大的力量。愛可以融化人與人之間的仇恨或隔閡，可以給世界帶來和諧與太平，但是愛也能帶來災難，不正當的愛就容易生恨。

愛應建立在善的基礎上，沒有善的愛是假愛。真正的愛不是強加的，也不應執著，而應該以善的力量付出愛心，給自己和別人帶來幸福。

在追逐愛的過程中，人們應當瞭解哪些是「紅燈的愛」，哪些是「綠燈的愛」。在愛情這條路上，看清紅綠燈，才能審慎前行，才能讓自己在愛情的道路上走得更加順暢。

一份清淨無染的愛：愛過，就是慈悲。

愛一個人並不一定要得到。放開手，守望對方的幸福，也是一種真愛。

普陀山的寺院裡有一個老修行者。他本是一個鋼鐵工廠老闆的獨生子，父親死後，他放棄父親留給他的工廠，轉而拿起鋤頭，帶著妻子到鄉下過起自在的田園生活。他的妻子忍受不了這種淡泊、勤儉的日子，背著他和別人私通。妻子的所作所為，他其實是有察覺的，不過他並未聲張。

有一天，他對妻子說自己要外出大半個月，讓她好好照顧家。其實，他只是躲在不遠處的寺院裡觀察。沒過兩天，妻子就約情夫到家裡來住。他見時機已成熟，便買了些酒和菜回家了。

他把酒菜擺好，說：「我做生意賺了錢，今天你陪我好好慶祝一番。」妻子見他這麼高興，趕緊跑到廚房拿了兩雙筷子。他見了，說：「你應該拿三雙筷子才對。今天是個好日子，你儘管請他出來。」

藏在房間裡的情夫出來後，他禮貌地給妻子的情夫敬酒，還跪拜磕頭。「今天是個好日子。首先我要感謝你！」他對妻子的情夫說，「你簡直是我的恩人。從今天起，我所有的財產，包括我的妻子，都送給你了。」

就這樣，他把一切放下，身心輕安地離開了家，去普陀山修行了。

這對男女於是結為正式夫妻，可是新任丈夫好吃懶做，吃喝嫖賭，還虐待她。這時候，她想起前夫的種種好，於是跑到普陀山請求前夫與她和好。

任憑她百般央求，已是出家人的他都沒有接受她的請求，反而勸說前妻回去和現任丈夫好好地經營家庭。沒過多久，前夫留下的家業全被現任丈夫敗光了，她淪落街頭，不得不以乞討為生。

這天，她又來到普陀山請求前夫的原諒。但是前夫依舊心如止水，沒有答應她。她記起前夫最愛吃鯉魚，於是跑到市場買了條鯉魚，做好了送到普陀山上來。

前夫沒有拒絕這道菜，說：「你還記得我喜歡吃鯉魚。既然你把它給了我，那我就收下，並把它放生。」

聽了前夫的話，她十分奇怪，問：「魚已經被煮熟，還能放生嗎？」

他說：「是啊，魚死了是不可能復活的。我們也一樣，過去的感情已經逝去，還怎麼復合呢？」

愛情不是佔有，也不是付出多少就能得到多少回報的等價交換，有時候我們會品嘗到失去愛人的苦澀，這時我們需要明白放手也是一種愛。只有這樣，我們才能不為自己的執著所困惑，不被自己的妄念糾纏，真正拿得起、放得下。

人世間，一些以悲傷收尾的愛情也是不可避免的。人生的道路上，我們需要培養一份清淨無染的愛，在感情上不要有得失心，不要時時想得到回報，就不會有煩惱。我們都要學著灑脫，學著接受。「愛過，就是慈悲」，愛一個人最大的幸福不是得到對方，而是讓對方得到幸福。

愛之難不在絢爛，而在平淡

許多人在陷入熱戀之時總是覺得自己什麼都能付出，一旦愛情歸於平淡，找不回當初的熱情，就又開始四處輾轉，尋找真愛，在數度碰壁之後便開始抱怨，消極地認為世間並不存在真愛。

人們往往無法固守曾經熾熱的愛，這恰恰說明了愛之難。愛，是兩個人在經歷了生活的瑣碎之後，在生活的煉獄中歷練之後，一起走到白髮蒼蒼時依然手牽手，用心傳遞出的不離不棄的情懷。

愛，猶如一座永不熄滅的燈塔，永遠牽引著在情感中迷失航向的人們。愛情色彩暫時消退，只是因為你還在黑暗的隧道中行走。有朝一日，當你和伴侶歷經風雨，相扶著走過人世的滄桑，面對夕陽下白髮蒼蒼的彼此，或許那時，你們就會體悟到愛情真正的含義。

一個人問佛：「為什麼我以前愛著一個女孩時，她在我眼中是最美麗的，而現在我卻常常發現有許多女孩比她更漂亮呢？」

佛問：「你敢肯定你是真的愛她，在這世界上你是愛她最深的人嗎？」

他毫不猶豫地說：「那當然！」

佛說：「恭喜。你對她的愛是成熟、理智、真誠而深切的。」

他有些驚訝：「哦？」

佛又繼續說：「她不是這世間最美的，甚至在你那麼愛她的時候你都清楚地知道這個事實，而且還是那麼愛她，因為你愛的不只是她的青春靚麗。韶華易逝，紅顏易老。你對她的愛已經超越了這些表面的東西，也就超越了歲月。你愛的是她整個的人。」

他忍不住說：「是的。我的確很愛她的清純善良，疼惜她的孩子氣。」

佛笑了笑：「時間的考驗對你的愛戀來說算不得什麼。」

那個人問：「為什麼後來在一起的時候，兩人反倒沒有了以前的激情，更多的是一種互相依賴呢？」

佛說：「那是因為你的心裡已經將愛情轉變為親情。」

他摸了摸腦袋：「親情？」

佛繼續說：「當愛情到一定程度的時候，就會在不知不覺中轉變為親情。你會逐漸將她看作你生命中的一部分，這樣你就會多一些寬容和諒解，也只有親情才是你誕生開始上天就安排好的。所以你後來做的，只能是去適應你的親情。無論你的出身多麼高貴，你都要不講任何條件地接受她，並且對她負責、對她好。」

那個人想了想，點頭說道：「親情的確是這樣。」

佛笑了笑：「愛是因為互相欣賞開始的，因為心動而相戀，因為互相離不開而結婚。但更重要的一點是，愛需要寬容、諒解、習慣和適應，如此才會攜手一生。」

愛情最初產生時，也許是出自相互的吸引，然而最終會回歸到日常生活中。

佛祖教導世人：「愛由心生。」真正的愛必須是由人的內心產生的。由心而生的愛才能對抗歲月的波折，才能讓彼此在平淡的流年裡相知相守，不離不棄。

真愛博大、深邃、包容，如果能用生命的力量去守候自己的愛，情不死，愛就能永存。

有時候，真愛與「我愛你」這三個字無關，與金錢無關，與地位無關，與容貌無關，它或許存於一碗粥、一個座位、一次相視而笑之間。在漫漫長夜中，只要有那個人相伴就足夠；在各種挫折中，只要那個人還在身邊就能安然。這便是愛。

讓愛情保持長久的方法是：

一、**愛不能自私**，要讓愛情轉化成親情。愛情初期的激情是暫時的，而親情是永久的，因為親情建立在互相尊敬和信任的基礎上。

二、**愛不能一味索取**。

三、即使是面對最親近的人，情緒也要有所保留。毫無顧忌地發洩只會造成不能彌補的傷害。

四、為彼此多留一點空間。

五、要為對方著想，真正為對方付出。哪怕有一天對方離去了，也能坦然面對，問心無愧。

六、克制自己的抱怨，不給對方壓力。

七、愛要感恩。要多想自己得到的，少想自己付出的。

愛的長久之道是相互依靠，擁有一份互相扶持的愛才能在漫長的歲月裡走下去，儘管磕磕絆絆，仍有一份平常安然、韻味無窮的幸福。

守護好自己愛的天性

當我們還是個孩子的時候，總喜歡張開雙手，尋找周圍溫暖的懷抱。那時，我們都很善良、單純；隨著日子一天天過去，我們成長了，然而在這個過程中，我們當中的一些人逐漸遺忘了愛的天性。

在義大利瓦耶里市的一個居民區裡，三十五歲的瑪爾達是個備受人們議論的女人。她和丈夫比特斯都是白皮膚，但她的兩個孩子中有一個是黑皮膚的，這個奇怪的現象引起了周圍鄰居的好奇和猜疑。瑪爾達總是微笑著告訴他們，由於自己的祖母是黑人，祖父是白人，女兒莫妮卡的黑皮膚是隔代遺傳。

二〇〇二年秋，黑皮膚的莫妮卡接連不斷地發高燒，經過安德列醫生診斷，莫妮卡患的是白血病，唯一的治療辦法是做骨髓移植手術。瑪爾達讓全家人都做了骨髓配型實驗，結果沒一個合適的。醫生又告訴他們，像莫妮卡這種情況，找到合適的骨髓概率非常小，但還有一個行之有效的辦法，就是瑪爾達與丈夫再生一個孩子，把這個孩子的臍血輸給莫妮卡。這個建議讓瑪爾達怔住了，她失聲說：「天哪，為什麼會這樣？」她望著丈夫，眼裡彌漫著驚恐和絕望，比特斯也眉頭緊鎖。

第二天晚上，安德列醫生正在值班，突然值班室的門被推開了，是瑪爾達夫婦。他們神色肅穆地對醫生說：「我們有一件事要告訴您，但您必須保證為我們保密。」醫生鄭重地點點頭。「一九九二年五月，我們的大女兒伊蓮娜已兩歲，瑪爾達在一家速食店裡上班，每晚十點才下班。那晚下著很大的雨，瑪爾達下班時街上已空無一人。經過一個廢棄的停車場時，瑪爾達聽到身後有腳步聲，驚恐地轉頭看，一個黑人男青年正站在她身後，手裡拿著一根木棒，將她打昏，並強姦了她。等到瑪爾達從昏迷中醒來，踉蹌地回到家時，已是一點多了。我當時發了瘋一樣衝出去，可罪犯早已沒了蹤影。」說到這裡，比特斯的眼裡蓄滿了淚水。

他接著說：「不久後，瑪爾達發現自己懷孕了。我們感到非常害怕，擔心這個孩子是那個黑人的。瑪爾達想打掉胎兒，但我還是心存僥倖，也許這孩子是我們的。我們惶恐地等待了幾個月，一九九三年三月，瑪爾達生下了一個女嬰，皮膚是黑色的，我們絕望了。我們曾經想過把孩子送給孤兒院，可是一聽到她的哭聲，我們就捨不得了。我和瑪爾達都是虔誠的基督徒，最後我們決定養育她，給她取名莫妮卡。」

安德列醫生終於明白這對夫妻為什麼這麼懼怕再生個孩子。良久，他試探著說：「看來，你們必須找到莫妮卡的親生父親，也許他的骨髓，或者他孩子的骨髓能適合莫妮卡。但是，你們願意讓他再出現在你們的生活中嗎？」瑪爾達說：「為了孩子，我願意寬恕他。如果他肯出來救孩子，我是不會起訴他的。」安德列醫生被這份沉重的母愛深深地震撼了。

人海茫茫，況且事隔多年，到哪裡去找這個強姦犯呢？瑪爾達和比特斯考慮再三，決定以匿名的形式，在報紙上刊登一則尋人啟事。二〇〇二年十一月，在瓦耶里市的各家報紙上，都刊登著一則特殊的尋人啟事，懇求那位強姦者能站出來，為可憐的白血病女兒做最後的拯救。

啟事一經刊出，便引起了社會的強烈反響。安德列醫生的電話都被打爆了，人們紛紛詢問這個女人是誰，他們很想見見她，希望能給她提供幫助。但瑪爾達拒絕了人們的關心，她不願意透露自己的姓名，更不願意讓別人知道莫妮卡就是那個強姦犯的女兒。

當地的監獄也積極幫助瑪爾達，但遺憾的是，監獄裡沒有當年強姦她的那個黑人。這則特殊的尋人啟事出現在那不勒斯市的報紙上後，一個三十多歲的酒店老闆的心裡起了波瀾。他是個黑人，叫阿里奇。由於父母早逝，沒有讀多少書的他很早就工作了，聰明能幹的他希望用自己的勤勞換取金錢以及別人的尊重，但他的老闆是個種族歧視者，不論他如何努力，總是對他非打即罵。一九九二年五月十七日，那天是阿里奇二十歲生日，他打算早點下班慶賀一下生日，哪知忙亂中他打碎了一個盤子，老闆居然按住他的頭逼他把盤子的碎片吞掉。阿里奇憤怒地給了老闆一拳，衝出餐館，怒氣未消的他決定報復白人。雨夜的路上幾乎沒有行人，在停車場裡他遇到瑪爾達，出於報復心理，他無情地強姦了那個無辜的女人。

當晚他用過生日的錢買了一張去往那不勒斯市的火車票，逃離了那座城市。在那不勒斯，阿里奇順利地在一個美國人開的餐館裡找到了工作，那對夫婦很欣賞勤勞肯幹的他，還把女兒麗娜嫁給他，把整個餐館委託他經營。幾年下來，他不但把餐館發展成了一個生意興隆的大酒店，還有了一個可愛的孩子。

這些天，阿里奇幾次想撥通安德列醫生的電話，但每次電話號碼還未撥完，他就掛斷了。那天晚上吃飯的時候，全家人和往常一樣議論著報紙上有關瑪爾達的新聞。妻子麗娜說：「我非常敬佩這個女人，如果換了我，恐怕沒有勇氣將一個因被強姦而懷上的女兒生下來養大的。我更佩服她的丈夫，他真是個值得尊重的男人，竟然能夠接受一個這樣的孩子。」

阿里奇默默地聽著，突然問道：「那你怎麼看待那個強姦犯呢？」

「我絕不能寬恕他，當年他就已經做錯了，現在這個關鍵時刻又縮著頭。他實在是太卑鄙，太自私，太膽怯了！他是個膽小鬼！」妻子義憤填膺地說。

一夜未眠的阿里奇覺得自己彷彿在地獄裡煎熬，眼前總是交替地出現那個罪惡的雨夜和那個女人的影子。

幾天後，阿里奇無法沉默了，在公共電話亭裡給安德列醫生打了個匿名電話。他極力讓自己的聲音顯得平靜：「我很想知道那個不幸女孩的病情。」安德列醫生告訴他，女孩病情嚴重，不知道她能不能等到親生父親出現的那一天。

這話深深地觸動了阿里奇，父愛在靈魂深處蘇醒了，他決定站出來拯救莫妮卡。那天晚上他鼓起勇氣，把一切都告訴了妻子。

麗娜聽完了後氣憤地說：「你這個騙子！」她把阿里奇的一切都告訴了父母，這對老夫婦在盛怒之後，很快就平靜下來了。他們告訴女兒：「是的，我們應該對阿里奇過去的行為憤怒，但是你有沒有想過，他能夠挺身而出，需要多麼大的勇氣？這證明他的良心並未泯滅。你是希望要一個曾經犯過錯誤，但現在能改正的丈夫，還是要一個永遠把邪惡埋在內心的丈夫呢？」

二〇〇三年二月三日，阿里奇夫婦與安德列醫生取得聯繫，二月八日，他們趕到醫院，醫院為阿里奇做了DNA檢測，結果證明阿里奇的確是莫妮卡的生父。當瑪爾達得知那個黑人強姦犯終於勇敢地站出來時，她熱淚橫流，十年的仇恨，在這一刻全部化為感動。

二月十九日，醫生為阿里奇做了骨髓配型實驗，幸運的是他的骨髓完全適合莫妮卡，醫生激動地說：「這真是奇跡！」

二〇〇三年二月二十二日，阿里奇的骨髓輸入了莫妮卡的身體，很快，莫妮卡就度過了危險期。一週後，莫妮卡就健康地出院了。

瑪爾達夫婦完全原諒了阿里奇，盛情邀請他和安德列醫生到家裡做客。但那一天阿里奇沒有來，他托安德列醫生帶了一封信。在信中他愧疚萬分地說：「我不能再去打擾你們的生活了。我只希望莫妮卡和你們幸福地生活在一起，如果你們有什麼困難，請告訴我，我會幫助你們！同時，我也非常感激莫妮卡，是她給了我一次贖罪的機會，是她讓我擁有了快樂的後半生，這是她送給我的禮物！」

生命面前，一切罪惡都會被人性中的善所取代，而它所發揮的作用，卻遠遠不止挽救一個生命那麼簡單，更能夠淨化存有污點的靈魂。

愛是人類美好的天性，雖然我們在幫助別人的過程中，偶爾會遇到誤會、欺騙甚至打擊，但不能因為別人的非議而改變了自己愛的天性。

任何理由都不能讓我們放棄愛和善良的天性。

讓別人受益，讓自己開心

愛，是一種迴圈，給予別人的愛，往往不會立即換來回報，但最終會迴圈到自己的身上。回報的內容和形式多種多樣，如果每個人在愛自己的同時，也為別人付出一份愛，那麼收穫最多的將是我們自己。

在美國南部的一個州，每年都要舉辦南瓜品種大賽。有一個農夫的賽績相當優異，他經常是冠軍的獲得者。每當他得獎之後，總是毫不吝惜地將參賽得獎的種子分給街坊鄰居。

一位鄰居很詫異地問：「你能獲獎實屬不易，我們都看見你投入了大量的時間和精力來進行品種改良，可為什麼還這麼慷慨地將種子分送給大家呢？你不怕我們的南瓜品種超過你嗎？」

這位農夫回答：「我將種子分送給大家，是幫助大家，同時也是幫助我自己！」原來，這位農夫居住的地方，家家戶戶的田地是相連的。這位農夫將得獎的種子分送給鄰居們，鄰居們就能改良各自南瓜的品種，同時也就避免了蜜蜂在傳遞花粉的過程中將鄰近較差品種的花粉傳到自己的田地中，有利於這位農夫專心致力於品種的改良。如果這位農夫將得獎的種子自己獨享，那麼農夫勢必要在防範方面花費很大精力，便很難迅速培育出更加優良的南瓜品種。

要想品種優良的南瓜不失本色，只有一種辦法，那就是讓你的鄰居們也都種上同樣的種子。農夫從一開始就懂得幫助他人的樂趣，所以他收穫了更多，而有的人卻要用一生的時間才能明白幫助別人能讓自己開心的道理。

收藏家拉希德先生有八千多把梳子，棗木梳、牛角梳、象牙梳、玉梳等等，可謂應有盡有。據他自己說，他有五把英國女王伊莉莎白一世的梳子。女王的梳子上還掛著一根彎彎曲曲的亞麻色頭髮，光這根頭髮就價值連城！拉希德先生的梳子用保險櫃鎖著，並且櫃子上常年放著一把上了膛的手槍。

「你就說世界上這梳子，哈哈……」拉希德先生驕傲得不行，總是說著這樣的半句話。「你想看看我的收藏？那怎麼行啊？」拉希德先生常常這樣自問自答。

「爸爸，您有許多梳子是嗎？」拉希德先生的兒子央求道，「我想看看！」

「不行！爸爸哪有什麼梳子呀！」拉希德先生簡直嚇壞了，趕緊把保險櫃的鑰匙縫在內褲上。「小孩子嘴巴不嚴，也許會惹出什麼禍事來呢！」他想。

兒子流下了委屈的淚水。

他的妻子說：「我知道你有梳子，難道連我也不能看一眼嗎？」

「不行！」拉希德先生埋下頭來，說，「婦人家，淺薄得很，其實梳子有什麼好看的呢？」

拉希德先生的內褲改由自己來洗了，因為那上面有保險櫃的鑰匙啊。

為了最大限度地顯示自己的富有，拉希德先生幾經輾轉，好不容易來到一座沒有梳子的城市。

「親愛的市民們，你們知道嗎，世界上有一種東西叫梳子，能夠把頭髮弄得格外齊順，沒見過吧？哈哈，鄙人擁有八千多把梳子！」

拉希德先生在人們的眼神裡尋找著崇拜和恭維，然而他沒有得到。在一個沒有梳子的城市裡，自然沒人聽得懂他的話。所以，拉希德先生天天炫耀，卻等於白說。

物轉星移，歲月如梭，拉希德先生老了。他的藏品，保密了一輩子，誰都沒看見。現在，他不知道該怎麼辦了。賣掉嗎？要錢做什麼呢？繼續保密嗎？他覺得沒意思了。他回想了一下，自己一輩子竟沒見過別人給他一絲笑容。

有一天，拉希德先生坐在一棵大樹下昏昏欲睡，他怎麼也沒想到，有一頭獅子從後面走了過來。

獅子是從動物園裡跑出來的。

這是一頭雄獅，長長的鬣毛有些骯髒，卻不失威武。當拉希德先生發現獅子時，嚇得魂飛魄散、癱軟如泥。

「先生，您好，」獅子開口說，「我很難受，我的鬣毛粘在了一起，硬邦邦的，我一點辦法都沒有。請問，您能幫我個忙嗎？」

拉希德先生趕緊討好地說：「啊，能的！我有梳子，有許多許多梳子啊！獅子先生，您稍等啊！」

獅子跟著他，來到他的住所。

拉希德先生打開保險櫃，取出大大小小、疏疏密密、各式各樣的梳子，獅子看得有些眼花繚亂。拉希德先生耐心地、很小心地給獅子梳通鬣毛，先用疏齒的梳子，後用密齒的梳子。他還打了一些水來，把獅子鬣毛上的髒東西清洗掉。

獅子乖乖地等著，像貓兒一樣溫順，後來竟打起了呼嚕。拉希德先生累得滿頭大汗，花了三個小時才做完。獅子覺得非常舒服，連連感謝。拉希德先生讓獅子照了照鏡子，獅子露出了難得一見的笑容。

「太謝謝您了，看來梳子真是世間的寶貝，您有這麼多寶貝，我羨慕死了！」

拉希德先生被獅子的笑容感動了，他一股腦兒地把所有的梳子都拿了出來，送給了獅子和市民。

從此，這座城市有了一種新的文明。

從一個吝嗇鬼到慷慨地幫助他人，拉希德用了一輩子的時間才終於體會到幫助別人的樂趣。我們也許沒有拉希德那樣富有，但我們依然可以默默地為別人做點事。當你在走路時不小心被石塊絆倒，可以撿起石塊，以免下一個路人有同樣的遭遇；當你看到路邊的玫瑰花開得十分豔麗時，在駐足欣賞的同時，也可以輕輕地告訴從你身旁走過的陌生人——花兒開了。

愛是一種美妙的迴圈，從你的心裡流出，溫暖了別人，開心了自己。

沉迷於欲望便是畫地為牢

在生活中，有多少人被自己的欲望所支配，一生忙碌，得不到解脫。欲望如同火種，一個不懂得控制欲望的人，往往會使火勢越來越大，最後無法控制，釀成災禍。

佛說人有八苦，其中之一便是「求不得」。有欲而求，無奈求之不得，人生便陷入萬劫不復的痛苦深淵。世間人奔忙的，不外乎「名利」二字，萬物自閒，只有人不斷地爭名奪利。為了欲望，人們奔來奔去、忙裡忙外，難有停息的時候，幸福和快樂也就無暇顧及了。

《百喻經》中記載：

從前有一個笨人到朋友家裡做客。主人留他吃飯，他嫌菜沒有味道，於是主人就在菜中加了一些鹽，他再吃時就覺得菜的味道變得很好了。

笨人心裡想：「菜的味道好是從鹽中得來的，一點點鹽就能讓菜變得好吃，那麼多吃一些，味道一定更好。」這樣想了以後，笨人就向主人索取了一杯鹽，一口吞進嘴裡，不料鹹得要命，他急忙把鹽從嘴裡吐出來。

佛陀通過《百喻經》中的這則故事勸誡修行之人要少欲知足。欲望的存在很合理，如果人對人世沒有任何追求，就失去了生活的樂趣。因此，人不能沒有欲望，但人們也不能因此放縱欲望，欲望只可淺嘗，而不可沉溺。

人的一生就是一個產生欲望與擺脫欲望的過程。我們不停地產生各種欲望，包括良好欲望與不良欲望，同時我們也不停地滿足或擺脫這些欲望，從而不斷地讓自己的智慧增加，不斷地完善我們自身。佛法也認為，人的痛苦皆因欲望而生，因此，佛教教義一直在勸導人們如何戒掉各種不良的欲望。

以持戒嚴謹而著稱的品德拉是佛陀最得意的弟子之一。有一天，國王烏德納問品德拉，佛陀年輕的弟子如何能夠擺脫情欲的衝動，而保持清淨的身體。

品德拉回答：「佛教導我們把年紀比自己大的婦女當母親看待；把年輕的女人當女兒看待；把年紀與自己相當的女人視為姐妹。佛的弟子按照這一教導就能擺脫情欲。」

國王又問：「如果對母親、女兒、姐妹那樣的女人也會起歹意，這種情況下該怎麼辦呢？」

「世尊說，人體充滿了血、脂肪等種種污垢和不淨，如果用這種眼光來看女人，能防止色欲。」品德拉答道。

國王又問：「就算把女人想像成醜陋的東西，也還是不由自主地被她的美貌所吸引。這又有什麼辦法呢？」

「佛教導我們，當眼睛看到顏色和形狀，耳朵聽到聲音，鼻子聞到香氣，舌頭嘗到美味，身體接觸到物體的時候，不要被美姿所動搖，也不要因為醜態而心煩。如果能把守好五官的門戶，就能確保六根的清淨。」品德拉如是說。

我們每個人都有欲望，如果不能理性地看待自己的欲望，合理地控制自己的欲望，就會產生諸多煩惱。欲望是沒有止境的，就像一條鎖鏈，一環扣一環，永遠都不能滿足。人們追求欲望的最終目的是得到滿足和幸福，但是太多的欲望會造成痛苦。

面對欲望，做得最好的人不是清心寡欲的人，而是能不被欲望支配，並且能很好地控制欲望的人。我們常說「無欲則剛」，無欲並不是什麼都不要，而是不貪。只有不被欲望牽制的人，才能剛強，才能保有一顆寧靜的心。如果能從佛家樸素、平和的智慧高度來看待一切欲望，我們就能做到寵辱不驚，看透一切痛苦與快樂，不入名利牢籠，專注於眼前事、當下事，沒有煩憂，達到灑脫的境界。